VIDA
FINANCEIRA

DESCOMPLICANDO,
ECONOMIZANDO
E INVESTINDO

LUCIANA IKEDO
EDUCADORA FINANCEIRA

VIDA
FINANCEIRA

DESCOMPLICANDO,
ECONOMIZANDO
E INVESTINDO

Edições Loyola

Dados Internacionais de Catalogação na Publicação (CIP)
(Câmara Brasileira do Livro, SP, Brasil)

Ikedo, Luciana Cavalcanti Ramos
 Vida financeira : descomplicando, economizando e investindo / Luciana Cavalcanti Ramos Ikedo. -- 1. ed. -- São Paulo : Edições Loyola, 2023. -- (Economia)

 ISBN 978-65-5504-250-4

 1. Economia 2. Educação financeira 3. Finanças pessoais 4. Investimentos I. Título II. Série.

23-143728   CDD-332.6

Índices para catálogo sistemático:
1. Educação financeira : Economia   332.6
Aline Graziele Benitez - Bibliotecária - CRB-1/3129

Preparação: Paulo Fonseca
Capa: Ronaldo Hideo Inoue
 Composição a partir de fotos do arquivo pessoal da autora. No detalhe da contracapa, imagem de © BillionPhotos.com | Adobe Stock.
Diagramação: Sowai Tam

Edições Loyola Jesuítas
Rua 1822 nº 341 – Ipiranga
04216-000 São Paulo, SP
T 55 11 3385 8500/8501, 2063 4275
editorial@loyola.com.br
vendas@loyola.com.br
www.loyola.com.br

Todos os direitos reservados. Nenhuma parte desta obra pode ser reproduzida ou transmitida por qualquer forma e/ou quaisquer meios (eletrônico ou mecânico, incluindo fotocópia e gravação) ou arquivada em qualquer sistema ou banco de dados sem permissão escrita da Editora.

ISBN 978-65-5504-250-4

© EDIÇÕES LOYOLA, São Paulo, Brasil, 2023

Sumário

Prefácio 7

Apresentação 9

1. A importância da saúde financeira no mundo pós-pandemia 11
2. Resiliência financeira 15
3. A mulher que prospera 23
4. Como fazer sobrar dinheiro no fim do mês? 25
5. O que é o minimalismo financeiro e como ele pode lhe ajudar a sair das dívidas? 27
6. Como planejar ficar no azul 29
7. Compras por impulso: como lidar com esse transtorno e melhorar as finanças 31
8. Dicas práticas para deixar de gastar dinheiro à toa e economizar 33
9. Falta de controle financeiro pode afetar a saúde mental. Como lidar com isso? 35
10. Como a renda extra pode ajudar minhas finanças 37
11. É possível economizar em todos os tipos de deslocamentos? 39
12. Não empreste o seu nome 41
13. Empreendedorismo: dicas financeiras para equilibrar as contas da empresa 43

14. Como não cair em golpes financeiros? 45
15. Cartão de crédito: inimigo ou aliado? 47
16. Como lidar com as finanças em casal 49
17. Como se preparar financeiramente para realizar
    o casamento dos sonhos? 51
18. O sonho da casa própria: como se organizar financeiramente? 53
19. Finanças para crianças: como educar financeiramente os filhos 55
20. As lições do Sr. Porquinho 59
21. Economia doméstica: como economizar dentro de casa 63
22. Orçamento doméstico: como organizar
    as contas e sair do vermelho 65
23. O poder dos juros compostos 67
24. Estou cheia de dívidas. Quais devo priorizar? 69
25. É possível se livrar das dívidas de uma vez por todas? 71
26. Pagar todas as dívidas primeiro ou já começar a investir? 73
27. Quando vale a pena recorrer ao crédito? 75
28. Como investir, mesmo em situações de crise? 77
29. Para que serve e como descobrir o meu perfil de investidora? 79
30. Investimentos após os 40: ainda dá tempo de começar? 81
31. Combinar a rentabilidade no dia do investimento ou
    aceitar uma rentabilidade incerta? 83
32. Reserva de emergência: como começar a construir a minha? 87
33. Investimentos: por onde começar? 89
34. Quanto devo reservar para investir todos os meses? 91
35. Já fiz a minha reserva de emergência, e agora? 93
36. Como começar a investir com o objetivo de me aposentar? 95
37. Independência financeira: comece já a correr atrás da sua! 97
38. Qual a melhor forma de gerar renda passiva e
    fazer o meu dinheiro trabalhar para mim? 99
39. O que é a proteção patrimonial e por que devo
    me preocupar com isso? 101
40. Decisões financeiras estão em todas as situações da sua vida 103

Considerações finais 107

Prefácio

Se você está com esse livro em mãos uma coisa é certa: pelo menos curiosidade sobre o mundo das finanças você tem! Que bom! Porque isso pode fazer a diferença na sua vida daqui para frente. E uma coisa eu lhe garanto: esse livro vai lhe mostrar que o mundo das finanças pode, sim, ser o seu mundo. O nosso mundo! Afinal, tudo o que nós fazemos tem dinheiro no meio.

Não sei se você já se perguntou alguma vez: "para onde o dinheiro foi?". Eu já! E muitas vezes. Até que — depois de algumas entrevistas com a Luciana Ikedo — eu comecei a ter a resposta para essa pergunta dentro da minha realidade. Porque a Luciana traz a gente para a realidade, sabe? Pode ser que você queira arrancar os cabelos num primeiro momento. Afinal, nem sempre é fácil encarar os nossos gastos e mudar certos hábitos. Mas é preciso! Só assim a gente consegue uma liberdade que não tem preço.

Custa muito ficar refém do dinheiro. E a gente pode mudar a nossa realidade financeira! E pode fazer isso de forma leve e eficiente. Por isso é fundamental que as pessoas aprendam a cuidar das próprias finanças. E a Luciana tem uma forma de explicar um assunto delicado e difícil com muita leveza.

Você vai encontrar termos que não fazem parte do dia a dia de muitas pessoas, como volatilidade, liquidez, juros, taxas, investimentos, pregões, mas vai começar a entender como usar tudo isso a seu favor! Sabendo o que cada uma dessas coisas significa, você vai conseguir fazer escolhas mais certeiras. Esse livro lhe ajuda também a identificar o que lhe está bloqueando e quais hábitos você pode mudar para conseguir investir seu dinheiro e — finalmente — conquistar aquela tão sonhada tranquilidade financeira.

Esqueça o "economês". A linguagem aqui é solta... Uma conversa sobre o nosso bem mais precioso: o tempo! E o que o tempo tem a ver com o dinheiro? Tudo! Até porque quem sabe cuidar do dinheiro, aproveita melhor o tempo. E ter tempo de qualidade é algo que cada vez mais as pessoas estão buscando. Mas só se aproveita o tempo de fato, sem aquela preocupação de fechar as contas, quem está com as finanças em dia!

Marcela Mesquita,
mãe da Marina, jornalista e apresentadora de TV

Apresentação

Este livro nasceu da experiência: ao longo dos anos, desde que comecei minha carreira na área financeira, descobri que para muita gente falar de dinheiro ou mesmo gerenciar as contas do dia a dia era — e para muitos continua sendo — um problema.

A isso, devemos somar a pandemia da Covid-19, que trouxe mudanças dramáticas aprofundando ainda mais a percepção das finanças como algo extremamente problemático, já que em muitos casos houve uma verdadeira reviravolta nas famílias: com a perda de entes queridos, muitas mulheres se viram na necessidade de repensar toda sua vida e, em alguns casos, tiveram de, pela primeira vez, administrar sozinhas toda uma família.

O fato é que falar sobre dinheiro ainda é um verdadeiro tabu e poucas pessoas conversam abertamente sobre o tema. Mas quando há a oportunidade de nos abrirmos e quando estamos realmente dispostos a falar sobre as nossas dificuldades, sobre as finanças bagunçadas, a enfrentar os fracassos e a perder o medo do desconhecido, um universo novo se abre bem na nossa frente. Posso falar disso por experiência própria.

De fato, no início de minha carreira, uma das coisas que mais chamava a atenção era a dificuldade que as pessoas tinham em enxergar as oportunidades econômicas: a grande maioria da população, por exemplo, continua confiando suas economias apenas à poupança, um investimento que apresenta uma rentabilidade muito baixa e, na maior parte do tempo, incapaz de proteger o dinheiro da perda do poder de compra causada pela inflação. Para piorar, os demais investimentos financeiros são muitas vezes apresentados com termos rebuscados e repletos de palavras de uma língua à parte, o "economês", que poucos entendem de fato. Justamente diante dessa dificuldade é que vi a necessidade de estruturar uma obra como esta, em linguagem simples e acessível para que os leitores vejam que nem tudo aquilo que parece impossível, destinado somente a uma pequena parcela de "investidores profissionais", é uma verdade absoluta.

É possível, sim, encontrar caminhos e saídas que nos ajudem a lançar uma ponte entre o mundo em que vivemos e aquele que sonhamos e almejamos para nossa família e amigos.

1
A importância da saúde financeira no mundo pós-pandemia

Com a crise sanitária e financeira que tomou conta de todo o mundo, tivemos que adaptar nossa rotina de várias formas. Do trabalho remoto e reuniões a distância à forma com que nos relacionamos com nossos clientes e parceiros comerciais e à necessidade de compartilhar o espaço de trabalho e a internet sem fio com as crianças tendo aulas em casa. Estamos aprendendo a lidar com o novo normal. A retomada está sendo repleta de novos hábitos sociais e de consumo, que trazem consigo outros desafios, mas também muitas oportunidades.

Como reflexo da redução das atividades permitidas somente ao que se considerava essencial, durante a pandemia se viu reduzida a renda das famílias de diferentes classes sociais. Sim, a maioria de nós foi atingida de forma direta, com a redução do próprio rendimento mensal, ou indireta, com a redução da renda daqueles que nos são caros. Em contrapartida, pudemos olhar com mais atenção ao que sempre se fez importante: planejamento financeiro.

As famílias que já haviam iniciado esse processo e possuíam a reserva de emergência constituída passaram por esse período de forma muito mais tranquila, enquanto aqueles que ainda não o haviam começado entenderam o quão urgente precisam fazê-lo. Portanto, chegamos àquele momento em que precisamos fazer uma situação ruim se transformar em oportunidade.

É hora de enxergar as diversas lições financeiras que a crise nos deixou e levá-las para a vida.

- Conhecer os próprios números nunca foi tão importante: é preciso saber detalhadamente quais são os seus gastos e fazer uma distinção entre os essenciais e os supérfluos, entre aqueles que não podem e aqueles que podem (e devem!) ser cortados imediatamente.
- Constituir uma reserva de emergência de, pelo menos, três vezes o valor mensal dos seus gastos essenciais é fundamental. E, se você já a tinha e precisou utilizá-la durante a crise, é preciso começar a recompô-la o mais breve possível.
- Investir melhor o dinheiro, prestando muita atenção no mercado financeiro e estudando os produtos disponíveis, tomando cuidado, é claro, com altas taxas de administração que podem comprometer de forma significativa a rentabilidade dos seus ativos. Quem tinha liquidez nos momentos de baixa do mercado conseguiu surfar uma onda muito interessante em renda variável. Quem não tinha, ficou apenas observando.

Todos os cortes de gastos que estão sendo feitos neste período, especialmente com alimentação e deslocamento, podem servir de estímulo para o futuro. Avaliar o valor dessa redução e fazer uma estimativa do quanto terá daqui um ano se continuar gastando menos fará toda a diferença. Sem contar que é preciso investir muito bem esse valor.

Os maiores êxitos vêm daqueles que envolveram a família no orçamento familiar e que estimularam a todos, inclusive as crianças, a contribuírem com os cortes de gastos. Mas esse deve ser um processo contínuo e recorrente, constantemente reavaliado, para recompensar a todos conforme apareçam os resultados positivos.

Um novo tempo já chegou, um tempo de consumo consciente, de solidariedade e de percepção do quanto a nossa família e o nosso lar são importantes, devendo ser sempre cuidados com muito carinho e atenção, assim como nossa saúde financeira.

Quando entendemos que saber lidar com o dinheiro envolve a compreensão dos produtos, conceitos e riscos financeiros e o desenvolvimento de habilidades e da própria confiança, aí sim poderemos avaliar os riscos e as oportunidades financeiras visando fazer boas escolhas, tornando a vida mais equilibrada.

Infelizmente a educação financeira ainda não está inserida de forma consistente na educação formal e a maioria dos adultos ainda não tem os conceitos bem consolidados, o que dificulta a transmissão do conhecimento dentro de casa, no núcleo familiar. Sem contar que a ausência de reserva financeira para emergências é um dos principais fatores que levam ao endividamento das famílias, tornando este um ciclo constante e recorrente.

Todas as vezes em que parcelamos a conta da farmácia, compramos roupas parceladas nos grandes magazines ou recorremos à utilização do cartão de crédito ou do limite do cheque especial, porque os recursos não foram suficientes para cumprir com todas as obrigações do mês, estamos nos endividando. As pequenas parcelas vão se somando e o risco é o comprometimento da renda familiar com os custos essenciais.

Quando ensinamos os conceitos financeiros desde sempre, iniciando na primeira infância, teremos os bons hábitos aprendidos e desenvolvidos, fazendo com que a educação financeira aconteça de forma natural. Iniciando de uma forma lúdica, trazendo os conceitos para a realidade da criança, podemos ir aumentando a complexidade do assunto à medida que a criança cresce, e também ir introduzindo não somente dinheiro físico, como o bom e velho cofrinho, por exemplo, mas também produtos financeiros.

A mesada, que já se mostrou tão importante como ferramenta de aprendizado para a gestão orçamentária, pode ser concedida por meio de um cartão de crédito, com limites bem estabelecidos e respeitados. Devemos estimular que este recurso não somente seja gasto de forma racional e coerente, respeitando as necessidades e não somente os desejos, mas que também tenha as eventuais sobras investidas em ativos financeiros.

E assim, quando este jovem chegar à idade adulta e tiver acesso à sua renda, teremos uma nova geração já educada financeiramente, que lidará muito melhor com os próprios recursos e que desde cedo entenderá que a renda passiva deve ter a sua semente plantada desde muito cedo para que gere bons frutos ao longo de toda a vida.

2
Resiliência financeira

Resiliência significa a capacidade de se recuperar facilmente ou de se adaptar a eventos inesperados, situações difíceis e mudanças indesejadas. No momento atual, a capacidade de seguir em frente é essencial.

A resiliência financeira ganha lugar de destaque, sendo considerada uma característica chave para todas as pessoas. Ela é composta por cinco elementos:

1. Controle sobre o dinheiro;
2. Consumo consciente;
3. Reserva de emergência;
4. Capacidade de lidar com os momentos em que as receitas serão menores do que as despesas;
5. Consciência de fraude, ter ciência que fraudes financeiras existem e que podem cruzar o seu caminho.

1. Controle sobre o dinheiro

Numa situação de desemprego em que a redução da renda familiar se torna uma realidade do dia para a noite, o controle sobre o dinheiro é essencial para evitar entrar no vermelho.

Tome cuidado com pagamentos recorrentes, como assinaturas de revistas e jornais, aplicativos, serviços de *streaming* ou academia. Esses são gastos mensais que, apesar de pequenos, quando somados, podem representar um nível elevado de comprometimento da renda.

Na alimentação, prefira consumir frutas, verduras e legumes da estação, itens geralmente com preços mais baratos. Planeje a alimentação em família, dentro de casa, evitando desperdícios.

Além disso, a economia nas contas de consumo nunca é demais, não é mesmo?

Se todas as vezes que recebe a fatura do cartão de crédito você leva um susto, esse pode ser um forte indicativo de que você pode estar no modo automático. Se você faz pequenas compras com frequência e parcela tudo o que pode, preciso lhe avisar: aqui se compra, aqui se paga.

Pois é, pequenos valores somados ao fim do mês na fatura podem representar uma grande parcela da sua renda e atrapalhar a conquista dos seus objetivos financeiros.

A palavra de ordem é controle. Tente controlar seus gastos, não só anotando todos eles, como também decidindo com antecedência com o que irá gastar. Esses e doutros cuidados domésticos podem lhe ajudar e muito a não entrar no vermelho.

2. Consumo consciente

O isolamento social afetou muito os gastos em nossas casas, o que pode se intensificar ainda mais com uma situação de desemprego. Nesses momentos, os maus hábitos pesam muito mais.

Quando se fica pouco tempo em casa e se deixam as luzes de cômodos não utilizados acesas, quando o banho é mais demorado ou se compram produtos em exagero no supermercado, isso pode representar um percentual pequeno dos gastos considerando o volume total utilizado. Mas quando a rotina muda, como aconteceu recentemente com o isolamento social, os maus hábitos pesam muito mais no orçamento como um todo e podem comprometer uma parcela importante da renda familiar.

Quando consumimos de forma consciente, sem desperdícios, temos uma otimização dos recursos em todas as frentes.

Reduzir o tempo no banho, juntar todas as roupas para serem lavadas de uma única vez, evitar utilizar o ferro de passar roupas adotando a prática de já dobrar e guardar as roupas assim que as tiramos do varal, utilizar a panela de pressão, não utilizar a iluminação artificial desnecessariamente: tudo isso são ganhos não somente financeiros, mas também ambientais.

Quando consumimos somente o necessário, podemos perceber que o ajuste no orçamento é totalmente possível e assim sobra mais dinheiro para a realização de outros sonhos e objetivos importantes.

3. Reserva de emergência

Desde o início da crise da Covid-19 muitos perderam parcial ou totalmente a sua renda financeira. Se os seus ganhos cessaram, uma das principais perguntas que lhe faço é: a sua reserva de emergência é suficiente para os seus gastos essenciais dos próximos meses?

A reserva de emergência é o suporte para situações de desemprego como essa, mas também é para qualquer outra situação em nossas vidas nas quais vivemos situações de desencaixe financeiro, ou seja, quando precisamos gastar mais do que estamos ganhando. A reserva de emergência é, por isso mesmo, o primeiro passo para a tão sonhada independência financeira.

A transição de carreira passará e outros imprevistos acontecerão, só não sabemos quando. Talvez surja uma nova crise sanitária ou até situações rotineiras nos pegue de surpresa, como um problema de saúde, por exemplo, então, nesses momentos, ter uma reserva de emergência pronta pode livrar você do endividamento e amenizar perdas patrimoniais.

Procure investir esse recurso em ativos conservadores, com baixa volatilidade e alta liquidez. Especialmente em momentos de crise em que muitos enfrentam a redução de renda e ou o desemprego, ter uma reserva de emergência fez toda a diferença para as boas noites de sono.

Você sabe o que significa liquidez e volatilidade nos seus investimentos? Vou lhe explicar a seguir.

Liquidez

Liquidez, no mundo de investimentos, significa a velocidade que um ativo financeiro pode ser convertido em dinheiro. Ou seja, quanto tempo leva para que a sua aplicação financeira possa ser resgatada.

A liquidez é sempre expressa pela letra D mais um número: D0, D1, D30. Mas o que isso significa? O dia de hoje mais o número. Ou seja, se o ativo ou fundo tiver liquidez em D+0, ao solicitar o resgate o valor será resgatado no mesmo dia. Já se for D+30, depois de solicitado o resgate, o recurso somente estará disponível depois de 30 dias.

O impacto da liquidez deve ser bem observado no momento da contratação.

É muito importante considerar os impactos da liquidez em sua carteira de investimentos, especialmente quando falamos de um período mais delicado, como a transição de carreira, no qual a reserva de emergência terá um papel fundamental até que você se estabeleça em sua nova ocupação geradora de renda.

Volatilidade

Volatilidade é a variação dos preços dos ativos, tanto para cima quanto para baixo, muitas vezes de forma rápida.

Ou seja, quando escolhemos ativos mais voláteis, temos que ter a ciências de que a rentabilidade irá variar e sofrerá forte influência dos cenários políticos e econômicos. É por isso que devemos destinar para os ativos mais voláteis os recursos de longo prazo, que não serão utilizados de forma emergencial.

Saber isso é essencial, pois se houver necessidade de resgate num momento de variação negativa dos preços, o investidor poderá ter que resgatar seus recursos com prejuízo.

Para o valor que poderá ser utilizado a qualquer momento, seja para um projeto que já conhecemos, seja para uma emergência, devemos sempre escolher ativos menos voláteis, ou seja, com maior previsibilidade de rentabilidade e menor variação de preços. Essa classe de ativos renderá menos, mas temos sempre que lembrar que a sua principal finalidade é a proteção e a tranquilidade.

4. Capacidade de lidar com os momentos em que as receitas serão menores do que as despesas

O momento de desemprego, voluntário ou não, é um dos momentos em que as receitas normalmente serão menores do que as despesas.

A capacidade de lidar com momentos como esse foi listado pela Organização para Cooperação e Desenvolvimento Econômico (OCDE) como uma das habilidades essenciais para a resiliência e o bem-estar financeiro. E quanto mais os nossos gastos estiverem ajustados, quanto mais consumirmos conscientemente e tivermos uma reserva financeira robusta, maior será a nossa capacidade de lidar com o período em que a receita familiar será reduzida ou cessará totalmente.

Os trabalhadores formais que têm o vínculo rompido precisam ficar muito atentos para o destino que darão para a indenização. Muitas pessoas investem em reformas na casa, compra de imóveis para uso pessoal, troca do carro de uso familiar, emprestam recursos para familiares e, sem perceber, perdem a liquidez dos recursos ou gastam com itens não essenciais as reservas financeiras que podem ser essenciais para a transição de carreira.

5. Consciência de fraude

A taxa básica de juros em nosso país é a Selic, é ela que norteia os investimentos conservadores, como a poupança ou o tesouro Selic, por exemplo, e representa o custo mínimo do dinheiro para operações de crédito. Já a modalidade de investimentos em que no momento inicial já se sabe qual será a remuneração é chamada de Renda fixa, que tem como principal referência a taxa básica de juros.

Quando comparamos essa rentabilidade com algumas rentabilidades prometidas para dali alguns poucos dias, percebemos que nas rentabilidades ditas como pré-estabelecidas muitas vezes não existe o menor sentido e nem o menor fundamento.

Nos momentos de crise e de dificuldades econômicas e financeiras, como o que vivemos, inúmeros oportunistas surgem com algo que parece ser um milagre. Só que de fato só parecem, porque são, sim, pirâmides financeiras, que lesarão muitas pessoas se continuarem a serem propagadas. Ao se investir em pirâmides financeiras corre-se o risco de perda total do capital investido. Tanto é que no ano de 2021 vimos inúmeros casos assim, no qual golpistas enganaram milhares de pessoas e ficaram com recursos que, muitas vezes, foram acumulados pelas pessoas durante toda a vida.

A única solução para a pessoa que está envolvida em algo assim é sair imediatamente e entender que investir é algo sério, estruturado e regulamentado e significa consistência e recorrência. É preciso ter ciência de que fraudes financeiras existem e que podem cruzar os nossos caminhos, porque tudo aquilo que parece muito vantajoso, como ganhos inacreditáveis e fora da realidade, normalmente são golpes que colocam em risco todo o capital do investidor.

Investimento é algo sério e regulamentado no Brasil, e o mercado oferece inúmeras opções seguras, com rentabilidade maior do que a poupança e que não lesarão o investidor como as pirâmides financeiras.

3
A mulher que prospera

"A mulher perfeita, quem a achará?
Ela vale mais que as pérolas."
Provérbios 31,10

Muitas mulheres acreditam que finanças pessoais é apenas uma questão de técnica, mas hoje eu vou mostrar que a nossa forma de pensar, o nosso *mind set*, é que pode nos impulsionar rumo ao nosso propósito ou nos levar direto para o abismo.

Finanças pessoais envolve matemática, fórmulas, números, cérebro etc., mas não se reduz a isso. Envolve também emoções, medos e sonhos. Palpitações no coração e borboletas no estômago.

Engana-se quem pensa que estamos falando aqui de riqueza. É mais do que isso! É não ter que devolver as compras no supermercado quando você estiver passando pela caixa ou ter a tranquilidade de saber que poderá comprar os remédios para um filho doente.

Quem consegue trabalhar de forma produtiva recebendo inúmeras mensagens de cobrança pelas contas atrasadas ou ainda se dedicar ao estudo da Palavra sabendo que a energia elétrica pode ser cortada a qualquer momento por falta de pagamento?

A mulher tem um papel essencial na família quando o tema é educação financeira, e quando ela é virtuosa e zela pelo cuidado com a sua família, o seu valor excede o de uma joia preciosa, como o rubi. Por isso, falar sobre dinheiro com as pessoas que moram sob o mesmo teto não pode ser um tabu. É preciso debater o tema abertamente, de forma transparente, para que os sonhos se transformem em objetivos e para que as finanças não ocupem o centro da sua vida, sobrando tempo para cuidar do que realmente importa: o Reino de Deus, a sua família e o seu propósito.

Este livro reúne uma série de recomendações práticas para lhe ajudar a investir melhor o seu dinheiro e para que a sua vida seja mais leve, próspera, equilibrada e feliz.

4
Como fazer sobrar dinheiro no fim do mês?

Se você sempre chega ao fim do mês com a conta zerada, saiba que você não está sozinha.

A pandemia, em especial, desestabilizou muita gente e o último Raio X do Investidor 2022, pesquisa realizada pela ANBIMA, aponta que ao menos 56% dos brasileiros têm dificuldades em guardar dinheiro. Os motivos são os mais variados: falta de organização, de conhecimento, de educação financeira, entre outros. Para aqueles que não recebem uma renda suficiente para se manter minimamente, o desafio é ainda maior. No entanto, com algumas estratégias e mudanças é possível controlar melhor o seu orçamento e fazer sobrar dinheiro para investir nos seus sonhos e objetivos.

Repensar seus comportamentos e hábitos financeiros é uma excelente maneira de começar e, nessa hora, uma boa dose de autoconhecimento nunca é demais. Será que realmente você precisa consumir e comprar tantas coisas ou está apenas agindo por impulso? Pensar e agir de forma sustentável ajuda a refletir sobre hábitos melhores de consumo e descarte e ainda pode transformar o seu bolso e tirar você das dívidas mais rapidamente.

Uma outra dica é reduzir os gastos com coisas dispensáveis, ou até mesmo substituir gastos essenciais por outros, menores. A lição de casa não poderia ser mais simples: elimine do seu orçamento aquelas contas de serviços que você não utiliza, como, por exemplo, aquela academia que você nunca foi ou o serviço de *streaming* que você acaba não conseguindo aproveitar. Se o exercício físico é indispensável, aproveite para começar a praticar algum esporte ao ar livre e economizar enquanto se organiza financeiramente. Trocar marcas famosas de produtos por outras, de igual qualidade e com preço mais acessível, na hora de fazer as compras, também pode ajudar e muito nas finanças. Perceba que ao pensar e agir de forma mais sustentável com o seu dinheiro, a principal beneficiada será única e exclusivamente você e, consequentemente, o seu bolso.

Por fim, comece a recusar tudo que não estiver alinhado com seus objetivos e não for prioridade. Aprender a falar "não" tanto para os outros quanto para você mesma quando o assunto for dinheiro, por isso a manterá como protagonista da sua própria vida financeira e lhe permitirá chegar cada vez mais longe. Comece hoje! Não tenha medo de gerar uma renda extra para aumentar a sua receita e fazer sobrar dinheiro. Uma boa dica é revender itens que você possui em casa. Comece por roupas, sapatos e outros itens que já não utiliza mais.

Você já parou para pensar na quantidade de coisas que tem em casa e que não utiliza? Ao invés de simplesmente jogar fora objetos, roupas e outros itens quaisquer, por que não os reutilizar? Essa é uma prática que vai ajudar não só o seu bolso, mas também o meio ambiente. Basta abrir os armários e usar a criatividade!

5
O que é o minimalismo financeiro e como ele pode lhe ajudar a sair das dívidas?

"Por que gastar dinheiro com o que não é pão, e vosso salário no que não satisfaz?"

Isaías 55,2

O minimalismo, que nada mais é do que entender quais são os recursos que realmente são necessários para se viver bem, pode e deve ser utilizado em seu universo financeiro! Nessa visão, a utilização dos recursos é maximizada e, como consequência, os valores gastos são menores. Há uma maior relação com sustentabilidade e consumo consciente, o que ajuda na decisão de evitar compras de produtos e serviços desnecessários.

Mudar a forma de pensar para o minimalismo financeiro é possível desde que você esteja cada vez mais educada financeiramente. Assim, menores serão os gastos com o que não se precisa, evitando o endividamento e buscando investimentos que possam garantir que você consiga seguir adiante nos momentos em que as receitas forem menores do que as despesas. Esses momentos podem ser vividos em situações emergenciais, como em casos de doença ou de desemprego, por exemplo, mas sempre exigem que estejamos preparados para enfrentá-las.

Você pode colocar em prática muitas atitudes para que o minimalismo financeiro faça parte da sua rotina. Ter um guarda-roupas com peças atemporais, que combinem entre si, e que possam ser utilizadas de várias formas; usar um número reduzido de produtos de higiene e cuidados pessoais; escolher poucos produtos de limpeza, mas que sejam multifuncionais; ter a quantidade necessária de utensílios domésticos, nem mais e nem menos; e, enfim, não comprar aquilo que você não precisa com um dinheiro que muitas vezes você não possui. O desafio então é olhar a sua volta e avaliar o que você possui e quais são seus hábitos de consumo.

Viver melhor gastando menos requer prática e constante aprendizado, mas contribui essencialmente para a sua saúde financeira. Todos os valores economizados com a simples redução dos gastos desnecessários podem ser utilizados ou poupados para saldar dívidas, mesmo as maiores. Seguir os caminhos do minimalismo financeiro não está relacionado com a escassez de recursos ou de conforto, pelo contrário, se exercitado, pode contribuir para a sua liberdade financeira. Pratique!

Avalie seu consumo: ao invés de se decidir por um produto (seja de higiene, beleza ou de limpeza) pela embalagem, cor ou propaganda, avalie se ele atende a mais de uma pessoa na sua família ou se serve para mais de uma atividade de limpeza em sua casa. Pratique o minimalismo financeiro nas pequenas compras maximizando a utilização de todos os produtos que consome!

É uma data especial, quer comemorar com um *look* diferente? Dê uma boa olhada em seu guarda-roupas e faça uma combinação nova! Transforme uma roupa de verão, com o auxílio de uma meia ou de uma sobreposição, em uma roupa de inverno e se surpreenda com o resultado e com a economia que você vai gerar!

6
Como planejar ficar no azul

"Porque Deus não é um Deus de desordem, mas de paz."
1 Coríntios 14,33

Já que você parou para ler este livro, posso lhe assegurar que este é um ótimo momento para refletir sobre as finanças pessoais e se organizar. Inclusive, essa é a palavra de ordem a partir de agora: organização. E é ela que pode lhe ajudar agora mesmo a passar do *status* de devedor para o de investidor. Esse é ainda um excelente momento não só para refletir como foi o último ano, quais os erros e acertos em relação ao dinheiro, mas também para entender aonde você quer ir e o que quer conquistar e dar o pontapé inicial para realizar tudo isso.

A honestidade na hora de listar todos os ganhos e gastos, o autoconhecimento e a disciplina são alguns dos principais desafios de quem deseja mudar. Tudo no começo é difícil, mas apenas por uma questão de hábito mesmo. Quando se encerra o primeiro mês, fica muito mais fácil incorporar o controle financeiro na rotina. Algumas dicas podem ajudar nessa jornada e lhe fazer assumir o protagonismo financeiro da sua vida de uma vez por todas, tornando o seu futuro mais próspero, saudável e cheio de realizações.

Primeiramente, tenha em mente qual será o orçamento base do próximo ano: quais são as receitas fixas que devem entrar?

Será preciso gerar renda extra ou minha receita conversa perfeitamente com minhas despesas? Sabendo qual será o seu saldo positivo durante o ano, fica muito mais fácil provisionar o que cabe dentro daquele montante.

É preciso saber também quanto irá gastar: anote gastos fixos como aluguel ou prestações já existentes, mensalidade de escola, cursos, impostos e compromissos assumidos como dívidas, por exemplo. Acompanhar mensalmente essa lista também é importante para garantir que tudo saia como planejado. Qualquer gasto extra deve entrar imediatamente nessa relação. Também é importante repensar a utilização de carnês de lojas, de cartões de crédito e até mesmo dos empréstimos bancários.

Estipule ainda, a partir de agora, um valor a ser poupado e investido mensalmente e faça isso sempre no início do mês, antes de realizar qualquer outro pagamento. Para facilitar, você pode até ter uma conta diferenciada ou de investimentos para direcionar os recursos poupados e transferir o valor destinado a essa finalidade assim que a receita entrar. Tornar os investimentos prioridade evita o endividamento de curto prazo, como limite do cheque especial ou parcelamento da fatura do cartão de crédito, que são os mais caros do mercado.

Inclua no orçamento também seus objetivos financeiros: uma viagem de férias que gostaria de fazer esse ano ou um final de semana de descanso podem ser ainda melhores e sem surpresas se planejados e couberem no orçamento.

Deu tudo certo no fim do ano? Sim? Não? Nada de desanimar nem de se exceder. É preciso rever tudo que passou, quais foram as metas e objetivos cumpridos e partir para um novo projeto. Volte ao início e comece tudo de novo, em busca de realizar novos sonhos.

7
Compras por impulso: como lidar com esse transtorno e melhorar as finanças

"Onde falta o saber o zelo não é bom,
quem apressa os passos erra o destino."
Provérbios 19,2

Oniomania é o nome dado por especialistas ao impulso incontrolável e constante de realizar compras, seja de um produto ou serviço qualquer. Essa prática pode prejudicar não só sua vida financeira, como também a pessoal e a profissional.

Diferente do consumista, o comprador compulsivo enxerga na aquisição de produtos, um alívio emocional, como se, dessa forma, fosse mais fácil lidar com sentimentos negativos. E é aí que mora o perigo.

Ao comprar compulsivamente, automaticamente, perde-se a capacidade de ponderar as consequências que aquelas compras trarão para sua vida e finanças. É muito comum, inclusive, que o comprador compulsivo saia em busca de empréstimos e outras "fontes de renda" rápidas, para suprir esse turbilhão de dívidas que acabam surgindo e, consequentemente, acabe se endividando cada vez mais. Como o consumo faz parte do nosso cotidiano, já que somos bombardeados constantemente por propagandas e promoções, pode parecer um pouco difícil lidar com esse transtorno, mas não é impossível. Além de procurar ajuda especializada, algumas estratégias, como assumir o controle financeiro da sua vida, podem, sim, ajudar no processo.

O autoconhecimento deve ser o pontapé inicial. Procure identificar em quais situações você já fez compras por impulso e quais foram os sentimentos que levaram você àquela ação: alegria? tristeza? talvez, raiva? Pense: costuma fazer esse tipo de compra assim que recebe o salário ou só depois de pagar as contas? Sabendo disso, evite esses momentos, mude todo esse itinerário e deixe assim de "cair em tentação".

Assuma o controle das suas finanças! Visualize com clareza que o dinheiro é um recurso que demanda tempo para ser conquistado e que, por isso, precisa ser utilizado de forma consciente.

Anotar os gastos, desde aquele cafezinho logo pela manhã, até as compras mais caras, pode fazer toda a diferença. Existem diversos aplicativos de controle financeiro que podem ajudar nessa tarefa. A partir desse controle, a elaboração de um orçamento mensal ficará ainda mais fácil. Saber quanto entra e quanto sai de dinheiro em sua vida, todos os meses, e para quais atividades ele é destinado, vai fazer com que as compras por impulso diminuam gradativamente e você saia de uma vez por todas do vermelho.

Ao comprar de forma parcelada, temos a falsa sensação de que aquela compra ainda cabe no nosso orçamento. Prefira pagar à vista, sempre que possível, e se não tiver dinheiro ou limite suficiente, esse pode ser mais um lembrete de que talvez seja melhor deixar essa aquisição para outra hora!

Vai às compras e deseja evitar tentações? Anote em um papel tudo que será necessário comprar mesmo antes de sair de casa. As listas nos dão noção do que é necessário comprar e uma margem de quanto você pode gastar.

8
Dicas práticas para deixar de gastar dinheiro à toa e economizar

■■■

"Vê a formiga, ó preguiçoso! Observa seus hábitos, sê sábio:
não tem magistrado, nem vigia, nem chefe;
ela provê no verão, colhe comida na ceifa."
Provérbios 6,6-8

Gastar menos é um dos primeiros conselhos que ouvimos quando o assunto é economizar, não é mesmo? Mas, por mais que essa pareça ser uma dica simples, para algumas pessoas, ainda é muito difícil poupar no dia a dia e são muitas as dificuldades e particularidades que cada um tem que enfrentar para realmente conseguir colocar isso em prática. No entanto, existem algumas dicas e estratégias, que você talvez nem saiba, mas que podem ajudar e muito na tarefa de enxugar o orçamento.

Lembre-se: ao cortar gastos, você se aproximará cada vez mais da realização dos seus sonhos e objetivos, uma vez que poderá aplicar de forma correta esses recursos financeiros e mudará totalmente o seu *status* de endividada para o de investidora! Então, se você ainda é do time que não sabe como economizar, confira a seguir algumas dicas.

Se você ainda não é adepta das contas nos bancos digitais e segue pagando tarifa nos "bancões", saiba que existe uma resolução do Banco Central do Brasil (Bacen), em vigor desde 2008, que garante a toda pessoa física a possibilidade de ter uma conta corrente bancária sem cobrança de tarifas ou taxas de manutenção, que contemplem apenas os serviços essenciais. Esse é um direito que nem todos conhecem, mas que pode ajudar e muito na hora de enxugar gastos do orçamento, já que a maioria das pessoas acaba pagando por serviços bancários que não utilizam ou não precisam.

Você sabia que alguns municípios oferecem isenção total ou parcial do Imposto Predial e Territorial Urbano (IPTU) para aposentados e pensionistas? Existem particularidades e critérios a serem seguidos e, então, é muito importante procurar o órgão responsável em sua cidade para checar se você se enquadra.

Os gastos com saúde podem chegar quando a gente menos espera, mas para algumas enfermidades crônicas o poder público disponibiliza remédios e insumos essenciais a um custo baixíssimo e até gratuitamente. É o caso de pessoas que possuem hipertensão, diabetes, asma, por exemplo. Se você precisa de algum tipo de medicamento de forma recorrente, é interessante pesquisar e economizar!

Por fim, saiba que trilhar um caminho de mudança de atitudes e de educação financeira nem sempre é fácil, porém é preciso começar, seguir firme em seus propósitos e lembrar que as atitudes e escolhas que você toma hoje, em relação ao seu dinheiro, vão definir tudo o que você terá ou quem você será no futuro. Comece!

A Tarifa Social de Energia Elétrica concede descontos de até 65% no pagamento de contas de energia, dependendo da faixa de consumo. É importante pesquisar quais os critérios e responsabilidades de mais esse benefício. Qualquer economia é válida!

Reduzir os gastos com a conta do celular também é possível. Algumas operadoras oferecem descontos e pacotes mais em conta para quem contrata, ou mesmo opta por migrar, o seu plano individual para o familiar. Vale a pena pesquisar as ofertas que mais se adequem à realidade da sua família e mudar já.

9
Falta de controle financeiro pode afetar a saúde mental. Como lidar com isso?

"Que tudo se passe convosco na caridade."
1 Coríntios 16,14

Chegar ao fim do mês sem ter recursos financeiros para quitar as dívidas é uma das preocupações que mais prejudicam o sono de muita gente por aí, não é mesmo? Pois é, saiba que a situação financeira de um indivíduo pode influenciar diretamente sua saúde mental e acabar prejudicando outras áreas da sua vida. Mas, também é totalmente possível reverter esse quadro com ajuda médica e, é claro, educação financeira.

Um dos principais problemas financeiros de quem sofre quando a conta não fecha no azul é a falta de controle e a dificuldade de assimilar ganhos *versus* gastos. Muitos acabam se excedendo e ficando sempre no negativo, o que leva ao endividamento. Esse é um problema que parece ser apenas com o dinheiro, mas que pode desencadear outros riscos.

São exemplos de problemas financeiros a compulsividade e a confusão entre necessidade e desejo, além do mais, algumas pessoas também gastam para compensar algum tipo de frustração ou outro problema. A lógica, nesses casos, é sempre a mesma: "se eu trabalho demais, vou comprar porque eu mereço" ou "quando eu consigo um bom resultado profissional, vou comprar porque estou feliz", e assim por diante em uma armadilha mental que quase sempre resulta em um desastre financeiro. Por isso, a mudança de hábitos pode ser uma grande aliada. E, como toda mudança, tal atitude pode ser difícil no começo, mas é preciso insistência.

Procure enxugar os seus gastos, cortando supérfluos e oxigenando sua renda. Dessa forma será possível voltar a fazer planejamentos e sonhar com objetivos mais plausíveis que proporcionam uma satisfação muito mais duradoura. Para não cair nessas armadilhas e retomar o controle da sua vida financeira, prezando também pela saúde emocional, é importante avaliar realmente o que está por trás da decisão de compra. Saia do lado emocional e parta para o lado racional! Fazer um orçamento, buscando ter um controle sobre os ganhos e gastos, é uma boa estratégia. É imprescindível que você traga o dinheiro para um patamar controlável, o que pode gerar mais tranquilidade e evitar que esses problemas ocorram.

Para que você tenha uma vida financeira equilibrada, a regra de ouro é: gaste sempre menos do que você ganha. E esse ajuste orçamentário precisa ser feito já, visando não só a sua saúde mental, mas também o seu bem-estar financeiro e a busca por seus objetivos. Tenha consciência de que a liberdade financeira vai proporcionar muitas oportunidades e realização de sonhos, mas é você quem controla o dinheiro e não o contrário. Entenda que é essencial que você assuma, hoje mesmo, as próprias rédeas das suas finanças e consiga contornar situações adversas.

10
Como a renda extra pode ajudar minhas finanças

"De manhã lança a tua semente e até a tarde não descanse a tua mão, pois não sabes se isto ou aquilo dará resultado, ou se ambos serão igualmente bons."

Eclesiastes 11,6

A organização, controle de gastos e análise de orçamento são estratégias que podem ajudar a melhorar e a transformar a sua vida financeira. Mas se mesmo assim você ainda chega ao final do mês sem dinheiro suficiente para todas as contas, talvez seja a hora de rever o quanto de receita está entrando em seu orçamento e o que é possível fazer para gerar renda extra.

Renda extra é todo o dinheiro que entra além do seu emprego formal, que vem, normalmente de alguma atividade desenvolvida em horários alternativos ao do trabalho — à noite ou aos finais de semana, por exemplo.

Não tenha medo de fazer renda extra para aumentar sua receita e fazer sobrar dinheiro. O primeiro passo pode ser garimpar o próprio guarda-roupa e revender itens que você já possui e que não são mais utilizados, mas ainda estão em bom estado. Comece, por exemplo, selecionando roupas, sapatos e outros itens e os ofereça a familiares e amigos.

Uma outra dica importante é perceber se você possui algum talento, algo que todos dizem que você é boa e que, com certeza, poderia ganhar dinheiro com isso. Todo mundo tem algo que gosta de fazer e faz muito bem. Uma maneira de se dar bem em uma atividade de renda extra é centrar esforços em algo que você já sabe fazer. Explore o seu potencial!

É elogiada por fazer aquele bolo, brigadeiro ou algum outro doce que faz sucesso entre amigos e familiares? Tem alguma habilidade ou formação em uma área específica e poderia ensinar outras pessoas a fazerem isso também? Seja oferecendo algo que você mesma faz ou buscando ajudar alguém com a prestação de um serviço, o importante é se autoconhecer, aproveitar e desenvolver suas habilidades.

Outra forma importante de incremento no quanto você ganha é por meio dos investimentos.

Algumas classes de ativos geram rendimentos que são pagos mensal, trimestral e até semestralmente e esse valor pode ser adicionado ao seu salário ou rendimento. É o caso dos fundos imobiliários, das ações que pagam dividendos, do Tesouro IPCA+ por exemplo. Essa é uma boa forma de fazer o dinheiro trabalhar para você. Você só tem a ganhar!

Deixe o dinheiro trabalhar para você. Existem hoje diversos investimentos e oportunidades de ganhar renda extra aprendendo a investir em renda variável, na Bolsa de Valores ou em outros tipos de investimento. Pesquise o melhor para você e lembre-se de que a renda extra não serve apenas para quitar dívidas, ela pode também lhe ajudar em outros objetivos e sonhos. Talvez você precise gerar mais renda para atingir outra meta financeira, como investir no próprio negócio, viajar ou comprar um carro, uma casa. Comece já!

11
É possível economizar em todos os tipos de deslocamentos?

"Meu pé acompanhou suas pegadas;
guardei seu caminho e dele não me desviei."
Jó 23,11

Ir de um lugar a outro é algo muito corriqueiro em nosso cotidiano. As facilidades tecnológicas que surgem, no entanto, vão tornando a nossa vida muito mais simples e cômoda, melhorando e muito o nosso bem-estar.

Quantas de nós nos últimos anos nos rendemos aos serviços de transporte por aplicativo? Muito mais barato, no início, do que um táxi e até mesmo do que o nosso próprio carro (alugado ou não). Porém, já notaram a conta no final do mês? É impressionante o quanto a soma de cada corrida trará no final do período.

Há outras formas mais econômicas e ecologicamente mais corretas? Claro que sim! Uma boa caminhada, além de fazer um bem danado para a nossa saúde, pode nos levar ao mesmo destino. Basta nos planejarmos para sair com antecedência, andarmos num ritmo que não nos canse muito e... Pronto! Chegaremos bem ao nosso compromisso.

Outra alternativa é pedalar. Da mesma maneira, andar de bicicleta faz muito bem para a saúde, e evita gastos com combustível, tão caro nos dias de hoje.

Se não houver outra forma de deslocamento senão através de veículos automotores, vamos pensar então em alternativas que podem sair mais em conta para o nosso bolso: usar mais o metrô ou os trens urbanos, os ônibus intermunicipais ou interestaduais, as caronas compartilhadas através de aplicativos, o mototáxi em algumas localidades, ou mesmo a nossa própria moto ou motocicleta.

E se não houver mesmo outra alternativa a não ser usar o nosso próprio carro? Continuarei gastando com o deslocamento, sem nenhuma chance de ganho? É aí que você se engana...

Talvez muitas de nós sequer saibamos para que serve o conta-giros que se encontra no painel do carro, aquele indicador que fica do lado do velocímetro, para saber se estamos correndo muito ou pouco. Você sabe? Se não, vou lhe contar agora. O conta-giros mede a rotação do motor em RPM (rotações por minuto). Se o nosso pé estiver muito pesado, a rotação por minuto aumenta bastante. E sabe o que isso significa? Mais consumo de combustível. Experimente mudar os seus hábitos como motorista. Você vai ver que, se pisar mais leve no acelerador, ficar de olho no conta-giros e procurar manter o ponteiro abaixo do 2000 RPM, a economia de combustível será bastante significativa! E, no final do mês, você vai gastar bem menos no posto de combustível.

Às vezes temos que fazer uma viagem longa e pegar um avião. Neste caso, é sempre bom verificar a distância que será percorrida e analisar se realmente compensa voar ou fazer um deslocamento por via terrestre. De qualquer forma, a melhor opção caso tenhamos mesmo que pegar um voo é comprar as passagens de forma bastante antecipada. Quanto mais deixarmos para comprar em cima da hora, mais caro sairá essa viagem...

Pense nisso! Há diversas formas de conseguirmos reduzir as despesas com transporte para economizar!

12
Não empreste o seu nome

"Não sejas dos que se prestam a avalizar e dos que dão caução por dívidas. Se não tiveres com que pagar, tomar-te-ão o leito em que dormes."
Provérbios 22,26-27

Uma das piores atitudes em finanças pessoais que você pode ter é emprestar o seu nome.

Pedidos assim já aconteceram com você, e muitas vezes chegam de forma inesperada, casual:

— Você pode tirar uma geladeira pra mim?
— Meu filho precisa trabalhar e não consegue emprego, pode emprestar o seu nome para financiar uma moto para ele trabalhar como entregador?

Ou um simplesmente:

— Me empresta o seu cartão de crédito?

Esses pedidos raramente vêm de pessoas com quem você convive de forma superficial. Quem lhe pede isso é a sua melhor amiga, o seu irmão, ou, pior ainda, o seu cunhado. É aquela pessoa para quem fica muito chato negar, aquela a quem causa um baita constrangimento dizer "não". Muitas vezes, por medo de abalar a relação ou estragar a amizade, você acaba emprestando, esquecendo que o constrangimento ao cobrar a pessoa durante todo o prazo do parcelamento será ainda maior.

O grande problema acontece no dia que a pessoa para de responder as suas mensagens pelo *WhatsApp* exatamente na data que antecede o vencimento da obrigação. Neste momento, a amizade que você não quis abalar com um "não", certamente será afetada para sempre.

A pessoa que não zelou pelo próprio nome deixando que chegasse à negativação, também não zelará pelo seu. Se você tiver condições e quiser, faça uma doação do valor, mas por mais que a história seja triste, não empreste o seu nome.

13

Empreendedorismo: dicas financeiras para equilibrar as contas da empresa

"E tu, preguiçoso, até quando ficas deitado? Quando hás de levantar do teu sono? 'Um pouco dormir, um pouco cochilar; um pouco cruzar os braços, para repousar!'. E, como andarilho, vem-te a pobreza; e, como um homem armado, vem-te a miséria."

Provérbios 6,9-11

Ser dona do próprio negócio é um sonho que faz parte da vida de muitas mulheres. Mas, para empreender com sucesso e garantir que seu pequeno negócio prospere e avance, não basta apenas escolher o nicho, produto, serviço ou área em que se deseja trabalhar. Quase sempre, principalmente no início de qualquer negócio, a empreendedora precisa conhecer ao menos um pouco de diversas áreas: de atendimento ao cliente, de gestão e, é claro, de finanças.

É importante ter noção de quanto dinheiro entra e quanto sai, além de fazer regularmente um balanço dos seus lucros. Conhecer financeiramente o seu próprio negócio e acompanhar cada evolução pode parecer uma tarefa difícil, mas não é impossível e é extremamente necessário.

A boa notícia é que existem algumas dicas simples que podem ajudar as pequenas empresárias e aquelas que ainda estão pensando em empreender a não só manter as contas no azul como também a separar as finanças pessoais da profissional, garantindo a saúde financeira dos negócios. Separar as contas da empresa das contas pessoais é sempre a primeira e mais valiosa regra quando falamos com a pequena empresária. Ainda é bem comum que as finanças se misturem, especialmente no começo do empreendimento e isso faz com que toda a estrutura de custos possa ser comprometida.

É preciso também, sempre que possível, ter um capital de giro investido em produtos de investimento com liquidez diária e baixa volatilidade. O capital de giro nada mais é do que o dinheiro necessário para manter a empresa funcionando. Investimentos como Fundos DI, ou ainda o Tesouro Selic, podem ser boas opções.

Manter o endividamento sob controle e aproveitar promoções e épocas de baixas taxas de juros, para concentrar e alongar o endividamento bancário, também pode evitar sufocos. Ao buscar uma parcela de dívida que caiba no fluxo de caixa da empresa, você também reduzirá o custo das dívidas atuais.

Ter um excelente controle sobre as receitas, custos e despesas torna possível rápidas adequações diante de cenários que exigem resiliência por parte da empreendedora. Portanto, saber quais são os cortes possíveis de serem feitos e conhecer o seu custo mínimo para manter a operação funcionando é essencial.

Procure otimizar a sua rede atual de clientes incorporando novos produtos ou serviços ao *mix* de atividades atuais. Isso pode contribuir para a diversificação de receitas e fortalecer o seu caixa, facilitando a entrada de mais dinheiro em caixa.

14
Como não cair em golpes financeiros?

"Sede prudentes como as serpentes e simples como as pombas."
Mateus 10,16

A crise gerada pela pandemia do coronavírus intensificou ainda mais as tentativas de fraudes e roubos relacionados com dinheiro no Brasil. E, para se prevenir, é fundamental entender quais são as principais situações passíveis de golpes financeiros as quais estamos expostos todos os dias.

Existem os golpes em que você é enganado por meio do roubo de dados pessoais, clonagem de cartões ou ligações falsas. São aquelas situações que fazem você tomar alguma atitude financeira inusitada, como transferência indevida de dinheiro para algum amigo, familiar, conhecido ou ainda a perda de recursos por compras que nunca foram realmente realizadas. E há também aquele golpe financeiro oriundo da ganância, onde a busca por um retorno rápido ou desconto mirabolante, pode prejudicar não só o orçamento, mas também comprometer as economias de uma vida inteira.

Em ambos os casos, é possível tomar cuidados e seguir algumas dicas que podem evitar perdas maiores. Primeiramente, é preciso ficar atento aos locais em que você insere e salva seus dados pessoais. Desconfie de tudo e, na hora de fazer compras online, dê preferência para empresas que você já conheça, ao invés de prestar atenção naquelas em que o desconto está muito mais atrativo que o dos concorrentes. Antes de comprar, pesquise sobre a idoneidade da loja, procure por avaliações de outros compradores e certifique-se de que o endereço é seguro.

Quando se trata de investimentos, é possível detectar os golpes financeiros rapidamente ao fazer cálculos e analisar valores. Nada de preguiça! Para ter sucesso na hora de investir é preciso dedicar um tempo para estudar os melhores produtos, conhecer o próprio perfil e recursos e fazer muita pesquisa. O auxílio de um profissional certificado na área também pode ajudar a entender quais são os investimentos estruturados e regulamentados.

Lembre-se: nenhum dinheiro vem fácil e, por isso mesmo, é preciso analisar e comparar diversos tipos de investimento antes de aplicar recursos e cair em pirâmides financeiras ou outras furadas. Como já alertamos, é preciso que você tenha ciência de que fraudes financeiras existem, sim, e que você não está livre de que elas cruzem o seu caminho em algum momento. Tudo aquilo que parece muito vantajoso, com ganhos inacreditáveis e fora da realidade, normalmente são golpes que colocam em risco todo o seu capital do investidor e ainda conferem uma dor de cabeça enorme. Cuidado!

Desconfie do recebimento de uma boa quantidade de dinheiro de forma rápida e fácil. Ao receber alguma proposta do tipo, verifique imediatamente a situação e o registro da empresa em órgãos governamentais.

Jamais informe a senha ou número do cartão de crédito se você não confia ou não conhece o site, loja ou estabelecimento em questão. No mundo *off-line*, evite também entregar o cartão para desconhecidos e, ao efetuar algum pagamento, mantenha-o perto de você.

15
Cartão de crédito: inimigo ou aliado?

"Acha felicidade quem ouve a palavra;
quem se fia em Javé é bem-aventurado."
Provérbios 16,20

Se todas as vezes que você recebe a fatura do cartão de crédito leva um susto, é preciso repensar algumas atitudes pois, nem sempre ele é o verdadeiro vilão. Contanto que seja utilizado de forma inteligente, o cartão de crédito pode ser um bom instrumento para a organização financeira pessoal.

O cartão de crédito pode lhe ajudar a organizar a entrada e a saída de dinheiro da conta, o famoso fluxo de caixa e ainda fornecer alguns benefícios, como descontos em estabelecimentos e milhas que podem ser trocadas por viagens ou produtos. Muitos cartões hoje em dia sequer cobram anuidade. É preciso pesquisar as melhores opções.

O perigo mora em fazer desse recurso uma extensão do seu salário e ter a falsa impressão de que ainda há bastante dinheiro para ser gasto, contabilizando o limite liberado pela instituição bancária. Seguir no automático e fazer pequenas compras com frequência, por exemplo, também acaba se tornando uma grande e cara armadilha, porque os pequenos valores somados no fim do mês na fatura, como compras por aplicativos de *delivery* ou aplicativos de transporte, podem representar uma grande parcela da sua renda no fim do mês e atrapalhar a conquista dos seus objetivos.

A palavra de ordem é: controle. Nunca é demais repetir: procure controlar os seus gastos, não só anotando todos eles, mas também planejando com antecedência tudo que vai gastar. É o tão falado orçamento.

Saiba quanto do seu orçamento mensal já está comprometido com compras parceladas: para isso, use desde as anotações em caderninhos a planilhas eletrônicas e até aplicativos financeiros para o celular.

Uma última dica é fugir do valor mínimo. Pagar o mínimo da fatura pode parecer inicialmente uma boa ideia, mas não caia nessa! Você corre um grande risco de perder o controle da dívida e, aí sim, fazer com que o cartão se torne um grande transtorno em sua vida.

Verifique constantemente, via aplicativo, os gastos que estão sendo realizados e anote-os. Faça isso várias vezes ao mês, assim evitará os sustos quando a fatura chegar. E, por fim, não enxergue o cartão como um dinheiro extra ou uma extensão da sua renda, você vai ter que pagar sempre que utilizá-lo. Utilize-o com inteligência e parcimônia, evitando compras supérfluas e desnecessárias.

16
Como lidar com as finanças em casal

"Quando o homem voltou, recompensou aqueles que fizeram aumentar a quantidade de moedas que lhes tinha emprestado. Mas tirou a moeda da pessoa que não tinha procurado conseguir mais moedas."
Cf. Mateus 25,14-29

É muito comum que os casais discutam sobre diversos temas antes de o relacionamento atingir um nível avançado. Onde irão morar, se terão ou não filhos, se haverá uma festa de casamento ou se a união será celebrada de uma forma intimista etc. Mas, muitas vezes, o casal acaba esquecendo de debater um importante assunto: como lidar com as questões financeiras.

Encarar a dois os objetivos financeiros de forma séria pode garantir não só a saúde financeira do casal, como também ditar com mais perenidade e praticidade o futuro do relacionamento. A decisão conjunta de gastar conscientemente, de ter uma reserva de emergência, de construir juntos a independência financeira e de investir bem as economias de cada um deve ser analisada e discutida de forma aberta e franca desde o início.

Algumas atitudes diárias podem auxiliar o casal nessa importante jornada e fazer toda a diferença: controlar os gastos, com consciência de quanto o casal recebe de receita individualmente e no total; divisão das despesas mensais, quem vai pagar o quê e por quanto tempo; entrar em acordo com os gastos domésticos, debater o que é ou não supérfluo e necessário para suprir as necessidades da família; separar uma reserva para as compras pessoais e vontades de cada um, dentre outras.

O passo seguinte, para encarar uma jornada no mundo dos investimentos, pode, inclusive, ficar muito mais interessante quando pensado e realizado a dois. O conhecimento sobre os produtos financeiros, o acompanhamento da rentabilidade e aquela sensação de ver a reserva financeira do casal crescendo de forma consciente e recorrente ao longo do tempo pode reforçar ainda mais a união do casal.

Por fim, cuidar da vida financeira a dois pode trazer maior tranquilidade para que as duas partes se dediquem realmente ao que realmente importa: ao amor, à realização dos sonhos e à plenitude da vida do casal.

É importante que o casal visualize um futuro a dois e tenham sintonia para poder alcançar cada meta. Entender o que os dois querem alcançar individualmente mas também em conjunto é o que vai ditar os objetivos do relacionamento.

Entender e respeitar o ponto de vista de cada um é essencial. Algo que pode parecer supérfluo para você, pode não ser para seu(sua) companheiro(a), portanto, antes de tudo, tente apresentar suas ações e principais motivos para que façam uma boa economia ao invés de alimentarem despesas desnecessárias.

17
Como se preparar financeiramente para realizar o casamento dos sonhos?

"Para se divertir, prepara-se um banquete; o vinho alegra a vida, o dinheiro facilita tudo."
Eclesiastes 10,19

Realizar o casamento dos sonhos implica em vários custos que, inicialmente, devem ser debatidos e pensados pelo casal: haverá uma cerimônia civil em cartório ou será somente uma celebração religiosa? Como será a festa e para onde será a viagem de lua de mel? São vários pequenos eventos que acontecem simultaneamente e, por isso, exigem organização. Nesse momento, alinhar a parte financeira pode fazer toda diferença. É preciso que o casal tenha um orçamento bem definido e liste todos os custos envolvidos, além de traçar um plano com prazos bem definidos para que os objetivos sejam alcançados.

É muito comum que, na empolgação da preparação, os casais não meçam esforços para o dia do "sim". No entanto, é importante lembrar que o casamento também representa o início de uma nova fase da vida, repleta de novos desafios e iniciar esse período já com dívidas pode ser muito ruim emocionalmente e para a relação. Assim, traçar um plano para subir ao altar sem espalhar um rastro de boletos, ou seja, sem dever nada para ninguém, pode fazer muita diferença na vida a dois.

Há um ditado popular que diz que toda situação, por pior que seja, traz algo positivo e, acredito que a pandemia do coronavírus trouxe consigo essa oportunidade de repensar os sonhos. Com o isolamento social e as restrições para aglomerações, para aqueles que não queriam adiar o grande dia, essa pode ter sido uma oportunidade de investir em uma cerimônia mais minimalista e, consequentemente, mais barata. Os chamados *mini weddings* estão em alta e contam com a presença apenas daqueles que realmente importam para o casal. Sobretudo, costumam contar com um orçamento que caiba no bolso e mesmo assim não deixam de ser uma celebração inesquecível.

Durante a escolha e a contratação dos serviços, a grande dica é realizar os pagamentos em duas vezes: uma parte no fechamento do contrato e a outra na véspera do casamento. Quando consideramos o parcelamento, temos os custos financeiros do fornecedor embutidos no preço, mesmo que a gente não perceba. Além disso, muitas empresas estão com a saúde financeira prejudicada, então, muito cuidado em pagar tudo à vista e depois correr o risco de ver o fornecedor quebrar e não entregar o contratado.

A empolgação muitas vezes faz com que a gente tome decisões equivocadas, gastando mais do que o previsto. Assim, não perca a racionalidade nas suas decisões financeiras, mesmo considerando que este será um dos dias mais importantes da sua vida. Avalie primeiro a situação financeira do casal e coloque tudo numa planilha, traçando um plano realista, que caiba no bolso. Depois, vá acompanhando o orçamento mês a mês, fazendo os ajustes necessários para que as despesas se mantenham dentro do previsto.

Como já dissemos: encarar os objetivos financeiros de forma séria e a dois não só garante a saúde financeira do casal, como ajuda também no relacionamento do dia a dia na família. Embora nem sempre seja fácil dialogar, discutir abertamente, a verdade é que as decisões tomadas conjuntamente tendem a frutificar o patrimônio do casal e a facilitar a convivência tranquila e amorosa.

18
O sonho da casa própria: como se organizar financeiramente?

"O diligente reflete e prospera, mas o apressado vai à penúria."
Provérbios 21,5

Ter um imóvel próprio ainda figura no topo da lista de prioridades de muitos brasileiros. Afinal, ter uma casa ou apartamento para chamar de seu ainda é visto como sinal de responsabilidade e estabilidade, principalmente na hora de constituir uma família.

Mas a compra de um imóvel, seja em qual idade for, precisa ser feita de forma consciente e planejada. A despesa com moradia, alugada ou própria, ainda representa uma parcela significativa da renda da maior parte das famílias e, normalmente, essa é uma aquisição que envolve economias de vários anos. Por isso, para que o sonho não se torne um pesadelo é preciso, primeiramente, analisar o orçamento familiar e entender se esse objetivo cabe dentro da realidade em que todos se encontram. Sempre que temos um grande objetivo precisamos fazer escolhas, lembrando que escolher algo significa renunciar a alternativas.

Para escolher um imóvel adequado e que atenda a família por um longo prazo, é imprescindível considerar a localização e a distância para o trabalho, escola e se o bairro possui uma rede de comércios que atenda às necessidades pessoais. Além disso, a condição de conservação do imóvel e a necessidade ou não de realizar reformas ou reparos, o valor do condomínio (se for o caso), taxas extras e do IPTU também deve ser levado em conta.

Muitas vezes, por falta de organização financeira, adquire-se um imóvel muito pequeno ou mal localizado, o que poderá afetar negativamente o dia a dia e acabar se tornando um problema difícil de resolver depois da compra.

Se você também se pergunta se é melhor comprar um imóvel à vista ou financiado, a resposta é: depende.

Se você possui recursos financeiros para adquirir o imóvel à vista, é possível negociar melhor as condições de compra, reduzindo o valor do imóvel. É muito importante considerar, neste caso, a manutenção da reserva de emergência e os gastos com a documentação, reforma e mudança. Para pessoas que possuem saldo no FGTS e que sejam assalariadas, adquirir um imóvel financiado, aproveitando as baixas taxas de juros também pode ser um excelente negócio. Famílias que ainda têm dificuldade para gastar menos do que ganham e que pagam aluguel podem encontrar no financiamento uma boa forma de conquistar esse objetivo.

Também gosto sempre de lembrar que é preciso considerar qual o custo você teria com o aluguel de um imóvel semelhante, pois muitas vezes vale muito mais a pena, do ponto de vista financeiro, seguir com a locação e investir muito bem os seus recursos financeiros garantindo a rentabilidade e também liquidez. No mais, é preciso tomar muito cuidado com o comprometimento da renda, lembrando sempre que um endividamento saudável não deve ultrapassar 30% da renda mensal. Conforme já mencionado, outro ponto é considerar também os demais custos que impactarão no orçamento pessoal.

19
Finanças para crianças: como educar financeiramente os filhos

"O homem de bem deixa herança aos filhos de seus filhos."
Cf. Provérbios 13,22

Construa uma herança para os seus filhos. Aprender a lidar com o dinheiro é uma atividade que deve começar cedo. A partir dos três anos de idade já é possível inserir no cotidiano das crianças noções básicas de finanças, o valor real do dinheiro e a diferença entre querer e poder. As atividades podem ser lúdicas e recreativas, através de música, livros ou outras atividades que estimulem a imaginação da criança, mas sempre com um senso de realidade.

As crianças se espelham nos pais durante muito tempo e com a vida financeira não poderia ser diferente. É importante, portanto, que a criança conheça a realidade familiar e presencie os familiares realizando boas escolhas no que diz respeito ao dinheiro, e ainda mostrar a elas de onde vem o dinheiro da família, que ele é fruto de muito trabalho e, por isso, deve ser economizado e gasto com muita sabedoria e cautela.

Muitos pais evitam levar as crianças às compras, por exemplo, mas este é um momento importante que, se partilhado, pode ser muito bem aproveitado. Durante as compras, é possível explicar a eles o custo daquele brinquedo com temática do personagem infantil favorito em relação ao preço de outros itens, que não levam esse tipo de bandeira de personagem. Em datas comemorativas, estipular quanto a criança pode gastar com um presente e incentivá-la a economizar também é uma dica importante e que ainda estimula o consumo consciente. Ao desistir de gastar todo o dinheiro que se tem em um único item e substituí-lo por outro mais em conta, a criança percebe que com o restante poderá realizar outra atividade, comprar outro produto ou ainda poupar e realizar algum sonho a longo prazo. Outra sugestão é até mesmo realizar a própria fabricação de um brinquedo em casa, uma atividade em família. Pesquisar em pequenos comércios de bairro os preços é mais uma saída e ainda estimula a economia colaborativa. Com uma boa educação financeira seus filhos terão, com certeza, uma vida mais tranquila.

As crianças mais velhas podem e devem ser ensinadas sobre poupança e aposentadoria. É essencial que elas conheçam o caminho natural da vida, sobre quando as pessoas se aposentam após uma determinada idade e que cuidar bem das finanças desde cedo é essencial para que essa fase da vida venha a ser mais tranquila.

Inserir a criança no processo decisório pode ampliar o olhar estratégico sobre as decisões financeiras, fazendo com que esse seja um processo natural e discutido abertamente, e não um tabu.

O *"trade-off"*, termo em inglês que traduzindo significa troca, é muito utilizado em economia e traduz o fato de que ao escolher uma opção deixamos para traz todas as outras possibilidades. Conhecê-lo pode tornar os adultos mais conscientes e menos endividados no futuro.

Temos duas adolescentes em casa, uma de 13 e outra de 15 anos, e os assuntos financeiros são tratados de forma aberta, sempre as envolvendo nas discussões. Utilizamos a literatura desde muito cedo, adequando os livros à idade de cada uma delas. Criamos as cotas para as idas às compras e para as viagens, fazendo com que cada uma delas administre os próprios recursos e façam as suas escolhas, entendendo que os recursos são finitos e que é preciso ter prioridades, renunciando ao que é menos relevante.

Outro ponto que entendo ser fundamental é o consumo consciente. As meninas recebem as roupas e sapatos em bom estado de uma prima mais velha e fazem a seleção dos itens que não servem mais, que são encaminhados para a prima mais nova. Assim ensinamos que é preciso considerar não somente o aspecto financeiro, mas também os recursos ambientais, cuidando do que recebemos e entregaremos aos próximos.

Por fim, já "bancarizamos" a mais velha aos 12 anos, concedendo um cartão de crédito para que ela conheça os produtos financeiros e que esteja preparada para um mundo em que o PIX, os bancos digitais e as plataformas abertas de investimentos são realidade e que estarão presentes em suas vidas em um futuro muito próximo.

20
As lições do Sr. Porquinho

Quando falamos sobre educação financeira infantil, uma das principais ferramentas é o cofrinho. Mas você já refletiu de forma aprofundada sobre o que pode ser ensinado nesse processo?

Lição 1. Fugir do impulso das compras

Começamos escolhendo algo que a criança deseja muito e ensinamos que essa vontade deve ser adiada, fugindo do imediatismo e das compras por impulso.

Essa é uma importante lição, que em economia chamamos de *trade-off*. Para que possamos escolher uma opção, temos que renunciar a todas as outras. Ou seja, quando o filho deseja ganhar o tão sonhado *vídeo game* de última geração no Natal, ou ele ou você terão que optar por não gastar em itens menos importantes. E de repente, deixa de fazer sentido comprar pequenos brinquedos colecionáveis ou roupas e acessórios para os avatares dos jogos *on-line*. O objetivo maior, de médio prazo, passa a ser a prioridade e a meta. Ou seja, estamos escolhendo antecipadamente com o que gastaremos e, muitas vezes, quando gastaremos.

Lição 2. Dificultar o acesso

Muitos cofrinhos precisam ser quebrados para que tenhamos acesso ao tesouro que ele guarda. Ou seja, o acesso não é facilitado.

Aqui temos um aprendizado importante para as crianças e para os adultos: tirar o acesso fácil e imediato do dinheiro de quem efetivamente pode gastá-lo é essencial. Isso vale tanto para quando guardo as moedas em um porquinho de porcelana quanto para quando escolho um investimento sem liquidez ou resgate automático. Nas duas situações é preciso que haja uma ação consciente para a utilização do recurso.

Lição 3. Controle

Muitas vezes os adultos se surpreendem com o volume acumulado com as moedinhas de troco que não tinham nenhuma destinação, mas, que no final do processo, representam um montante expressivo.

Aqui fica evidente a falta de controle financeiro da família com o orçamento doméstico e com os pequenos valores que, quando somados, podem ser significativos. Isso vale para as moedas, mas também para as diversas compras parceladas, com os pequenos valores gastos com alimentação fora de casa ou ainda com os deslocamentos baratinhos pelos aplicativos.

Você já imaginou o quanto o controle das pequenas despesas pode fazer diferença na construção da sua independência financeira?

Lição 4. Cuidado com o ciclo acumulação-consumo

A quarta grande lição é a perpetuação do ciclo acumulação-consumo. Sem perceber, ensinamos a criança a gastar tudo aquilo que juntou. E aí, quando adulto, o ciclo se perpetua.

De acordo com o Raio X do investidor 2019, 56% dos entrevistados não tinham qualquer investimento financeiro em 2018. Ou seja, são pessoas que gastam tudo o que ganham, não pensando nem na reserva de emergência nem tampouco na aposentadoria.

Lição 5. Cuidado com o endividamento

Endividamento, como assim? Quando o valor acumulado não é suficiente para que o objetivo de compra seja alcançado e os pais complementam o valor é estabelecida a relação entre o agente superavitário e o agente deficitário.

De acordo com a Confederação Nacional do Comércio (CNC), em junho de 2022 o percentual de famílias endividadas atingiu a marca de 77,3%.

21
Economia doméstica: como economizar dentro de casa

"Tesouro valioso e óleo na casa do sábio:
mas o homem insensato os dissipa."
Provérbios 21,20

Para parar de viver de salário em salário é preciso saber para onde está indo o seu dinheiro e fazer uso dele de forma assertiva. Um olhar cuidadoso para os recursos financeiros e para os gastos dentro de casa podem evitar aquela sensação de que nunca sobra nada no fim do mês. Algumas estratégias criativas podem ser aplicadas no dia a dia e gerar grandes economias para o seu orçamento.

Pode parecer clichê, mas evitar banhos demorados deve ser a primeira mudança familiar, uma vez que o chuveiro é um dos grandes impulsionadores do uso de energia dentro de uma casa. As chamadas contas de consumo, como luz, água, telefone e internet merecem ser analisadas com cuidado para evitar ainda mais o desaproveitamento desses bens.

Como já havíamos dito: Evitar manter eletrodomésticos ligados na tomada sem necessidade, trocar as lâmpadas incandescentes por lâmpadas de LED, que consomem menos energia elétrica e usar a máquina de lavar e o ferro de passar roupas apenas uma vez por semana são boas dicas. Como já sabemos, ao fazer isso, contribuímos também com a ecologia, já que ao economizar esses recursos ajudamos na conservação do meio ambiente.

Organizar as compras na hora de ir ao mercado, pensando em priorizar uma alimentação saudável, ou seja, com o consumo de legumes, verduras e frutas, também é de grande ajuda, principalmente se forem aqueles da estação, normalmente um pouco mais baratos. Desse modo vamos nos educando a comprar alimentos que realmente serão consumidos e que não ficarão esquecidos dentro do armário correndo o risco de "vencer" o prazo de sua validade, gerando.

Por fim, se o total de gastos mensais for maior que o salário, talvez seja a hora de procurar fontes alternativas de renda. Nessa hora, o ideal é parar e pensar: quais são minhas competências e habilidades? Existe algo que eu possa fazer ou produzir para complementar a renda familiar? As respostas a estas perguntas podem ser excelentes e ajudar a tirar toda a família do vermelho!

Listar todas as despesas, inclusive as do dia a dia, é uma excelente forma de controlar os gastos: hoje há muitos modos de fazer isso, desde os mais simples (caderninho, agenda) até os eletrônicos (aplicativos gratuitos para celular, computador etc.).

É extremamente importante dar o primeiro passo e não deixar para começar amanhã. Avaliar o orçamento é essencial, entender onde está errando, onde é possível economizar e o principal, ter objetivos para os valores economizados.

22
Orçamento doméstico: como organizar as contas e sair do vermelho

"Fiscaliza o vaivém de sua casa e não come o pão da ociosidade. Erguem-se seus filhos e dizem-na feliz; e seu esposo a elogia."
Provérbios 31,27-28

Saber organizar o orçamento doméstico gera dúvidas em grande parte dos brasileiros. Fazer com que o dinheiro sobre no fim do mês muitas vezes não é uma tarefa fácil. Uma vida financeiramente instável pode desencadear diversos problemas como acúmulo de dívidas, pagamento de muitos juros e, em alguns casos, até o comprometimento de relacionamentos familiares.

A boa notícia é que é totalmente possível fugir desse tipo de situação! O primeiro passo é fazer uma boa avaliação do orçamento e revisar todas as contas, verificando oportunidades de cortes e reduções. Um exemplo: muitas vezes há duplicidade de gastos com pagamento de internet, pagando-se uma internet "fixa" e, ao mesmo tempo, outra para o telefone celular. Em alguns casos, bastaria ter a internet no celular...

A renegociação de contratos já firmados, como academia ou aluguel, também é uma boa pedida. Em épocas de crise, alguns acordos possibilitam redução ou descontos para situações adversas. Vale a pena tentar! Essa é uma dica que vale também para quem possui endividamento bancário como financiamento imobiliário, de veículos e crédito pessoal parcelado. Desde que os pagamentos estejam em dia é possível procurar a instituição bancária e barganhar.

Outro ponto importante é a adequação da rotina à nova realidade doméstica, além da inclusão de novos hábitos. Para sair do vermelho é preciso encarar a situação e mudar atitudes. Reduzir pedidos de *delivery* de comida e incluir como novo costume a preparação das refeições em casa, por exemplo, poderá contribuir de forma positiva para a saúde física e financeira.

Evite desperdícios, compras em excesso e por impulso e retome o protagonismo financeiro de sua vida!

Mesmo com dívidas, é preciso começar uma reserva de emergência e guardar parte da renda atual, ainda que uma quantia pequena. Ela pode ser feita em produtos de renda fixa com liquidez diária e de fácil acesso para retirada. Dessa forma, é possível evitar o aumento do endividamento caso surjam novos imprevistos.

23
O poder dos juros compostos

"A riqueza logo obtida vai decrescendo,
quem ajunta aos poucos a amontoa."
Provérbios 13,11

NÃO FAZER NADA
$(1,00)^{365} = 1,00$

FAZER UM PEQUENO ESFORÇO CONSISTENTE
$(1,01)^{365} = 37,7$

Calma, minha amiga, não vou ficar entrando em cálculos matemáticos complexos. Mas eu preciso passar uma ideia do poder dos juros compostos.

Imagine uma situação em que você não faça nada durante os 365 dias do ano. Vamos dizer que *não fazer nada* signifique ser apenas um valor unitário qualquer. Digamos que este número seja o 1, conforme ilustração. Se eu não faça nada diferente, se não agrego nada naquilo que faço, eu estarei valendo simplesmente o mesmo. Isso porque esse mesmo 1 nos 365 dias do ano será sempre 1. Aqui, não há mudança.

Agora imagine que todo dia você faça uma pequena diferença, agregue um pequeno valor, faça algo de diferente. Que esse esforço seja de apenas 1%. Um por cento! Então, 1,01 é o resultado contabilizado com esse esforço de 1%. Se eu pegar esse mesmo 0,01 todos os dias do ano, no final dele chegaremos ao valor 37,7. Se eu entro com uma unidade e acrescento a ela apenas 1% por dia, ao final de um ano eu terei quase 40 unidades.

Acho que você conseguiu captar a essência e o poder dos juros compostos. Juros sobre juros.

Vamos agora fazer essa transposição para o mundo das finanças? Para o mundo da economia doméstica? E se conseguirmos economizar 10 reais por dia? E investir essas economias numa corretora ou num banco? Vamos assumir apenas a título de exemplo que tenhamos uma taxa Selic de 13,25% ao ano. Isso significa que em um ano você terá acumulado R$ 2.825,45, em dez anos R$ 52.600,85 e em trinta e um anos terá R$ 1.000.000,00.

O esforço consistente e recorrente, com foco e objetivo traz rendimentos nada desprezíveis. Como diz um outro velho ditado: "de grão em grão, a galinha enche o papo"!

24
Estou cheia de dívidas. Quais devo priorizar?

"Não tenhais dívida com ninguém, a não ser a da caridade mútua; pois quem ama o próximo cumpre plenamente a Lei."
Romanos 13,8

Mudar o *status* de endividada para o de investidora não é fácil. Os boletos acabam se acumulando e os juros de diversos empréstimos e cartões de crédito também. Uma verdadeira bola de neve, que parece que nunca acabará, não é mesmo? Mas, quando o assunto é quitar as dívidas, o primeiro passo sempre será priorizar as mais caras, pois são elas que podem arruinar as suas finanças a longo prazo.

Sabe aquele crédito que você contrata sem que ninguém lhe peça documentos adicionais, sem que lhe questionem a finalidade do recurso ou como você liquidará a dívida? Essas são as dívidas perigosas. Listei aqui algumas, as que merecem maior atenção. São elas:

- Utilização do limite do cheque especial: apesar de haver um limite na taxa do cheque especial, que é de 8% ao mês, essa é uma dívida caríssima. Então, se você está utilizando este limite, quite ou renegocie imediatamente.
- Parcelamento da fatura do cartão de crédito: Você leva um choque quando a fatura do cartão de crédito chega e acaba optando pelo parcelamento? Tente não fazer mais isso! O parcelamento da fatura ou o pagamento do

mínimo são as opções mais caras e podem se tornar um grande transtorno se você não conseguir se livrar dele o mais breve possível.

- Crédito pessoal parcelado: sabe aquele "pop-up" no *internet banking* ou no caixa eletrônico informando que você tem um limite pré-aprovado para contratação imediata? Assim fácil, rápido e imediato? Cuidado, porque essa oferta generosa pode representar uma taxa de juros bem alta e difícil de se livrar depois de contratada.

Para manter o controle de suas finanças, organize-se, tenha um orçamento rigoroso e um compromisso consigo mesma. Saiba quais são suas receitas e despesas e comece a fazer uma reserva de emergência o quanto antes!

Deixar de pagar a água, a luz, o gás e a internet não é uma boa opção, pois são gastos essenciais que podem gerar um grande desgaste para você e a para a sua família. Procure colocar essas contas em débito automático e, constantemente, busque formas de economizar envolvendo os demais moradores da casa, inclusive as crianças.

Se você paga o seu próprio plano de saúde, não caia na tentação de cancelá-lo na primeira dificuldade. Um problema de saúde grave pode gerar gastos expressivos que podem levar você a um endividamento, então essa também é uma conta que precisa ser sempre priorizada.

25
É possível se livrar das dívidas de uma vez por todas?

"Canto. Para as subidas. Ergo os olhos para os montes. Meu socorro, de onde vem? 'Do Senhor vem teu socorro: ele fez o céu e a terra!'"

Salmo 120 (121),1-2

Ao longo de toda nossa vida financeiramente ativa acumulamos diversos tipos de dívidas: carnês de lojas, parcelamentos no cartão de crédito, utilização do limite do cheque especial no banco, parcelas de empréstimos consignados ou pessoais, são apenas alguns deles. Quando menos esperamos, já são tantas dívidas que nem sabemos mais o quanto devemos em cada modalidade ou qual o custo financeiro implicado em cada uma delas.

Contudo, quando essas dívidas comprometem mais do que 30% da renda começamos a ter problemas para manter aquilo que chamamos de básico para se viver: moradia, alimentação e saúde. E é aí que mora o perigo. A boa notícia é que com muita organização e disciplina é possível se livrar delas de uma vez por todas.

O primeiro grande passo é ter controle financeiro. Sabe aquela sensação de quando trocamos uma nota de R$ 100,00 e, de repente, olhamos para a carteira e já não temos mais nada? Assim como é muito difícil lembrarmos detalhadamente com o que gastamos o troco de uma nota alta, também é quase impossível lembrarmos onde foi parar todo o nosso salário ou renda quando não temos controle do que entra e sai. E controlar significa anotar com honestidade.

Realizar o mapeamento das dívidas atuais também é uma boa estratégia. Para dar certo, comece analisando a taxa de juros de cada uma das dívidas, a soma das prestações e também a soma do saldo devedor. Faça uma pesquisa de mercado e veja as taxas que estão sendo praticadas em outras instituições semelhantes ou concorrentes. A partir daí, parta para a negociação: verifique com a sua instituição o que pode ser feito para reduzir as taxas já contratadas.

Agora que você já conhece as dívidas como ninguém e já tem consciência do problema, não guarde apenas para você. Compartilhe a situação financeira da família, para que todos tenham consciência e, juntos, possam criar um plano para superar essa fase.

É hora de parar de utilizar esses recursos como uma extensão da sua receita mensal. Evitar novas dívidas é tão essencial quanto quitar as que já existem. Planeje suas compras, peça descontos, negocie a forma de pagamento e, sempre que possível, prefira pagar à vista. Faça planos de pagamento para os principais endividamentos, estabelecendo estratégias para quitá-los: renegociação, troca de dívidas caras por dívidas mais baratas ou portabilidade para instituições que ofereçam melhores condições etc.

26
Pagar todas as dívidas primeiro ou já começar a investir?

"O rico domina os pobres; o devedor é servo do credor."
Provérbios 22,7

Primeiramente, é ideal que você liste todas as dívidas e tenha consciência de: para quem deve, quanto deve e qual o custo desta dívida. Uma excelente estratégia para sair do endividamento é tentar concentrar todas as dívidas em uma só, negociando com a instituição financeira um prazo mais alongado, uma taxa mais baixa e uma parcela que caiba no orçamento. Feito isso, é preciso começar a pagar essa parcela da dívida e, ao mesmo tempo, iniciar uma reserva de segurança.

Uma das maiores causas do endividamento atualmente é a falta de uma reserva para as emergências. Por isso, não devemos aguardar até que as dívidas sejam integralmente quitadas para começarmos a compor a reserva de segurança, que deve ser de três a seis vezes o valor das despesas mensais.

Lembre-se de que todas as dívidas podem ser negociadas e que sempre existirá uma alternativa, como a portabilidade do crédito para uma instituição financeira que tenha taxas mais baixas ou ainda a contratação de um empréstimo de longo prazo, com uma taxa melhor, aproveitando que ainda vivemos em um momento de baixa taxa de juros. A liquidação deste empréstimo em uma instituição que não esteja aberta à negociação deve ser revista.

O quanto você deve poupar, enquanto quita as dívidas, vai depender da sua atual realidade financeira. Se for possível poupar 30% da renda mensal e investir esse recurso no longo prazo, com uma rentabilidade acima da média de mercado, o objetivo financeiro será atingido muito mais rapidamente. Em contrapartida, se poupar somente 10% da renda mensal e investir na reserva, por exemplo, o esforço terá que ser feito por muito mais tempo.

A conclusão é que, se houver um bom planejamento, dá para parar de viver "de salário em salário", e ter um bom controle dos gastos do dia a dia.

Algumas estratégias podem ser aplicadas no dia a dia e gerar grandes economias no orçamento do fim do mês. Olhe para o seu orçamento de forma criativa e perceba quais hábitos você pode mudar, ainda que momentaneamente, em busca da quitação das dívidas.

Se ainda assim o total de gastos mensais for maior que o salário, talvez seja a hora de procurar fontes alternativas de renda. Nessa hora, o ideal é parar e pensar: quais são minhas competências e habilidades? Existe algo que eu possa fazer ou produzir para complementar a renda familiar? As respostas a estas perguntas podem ajudar a tirar toda a família do vermelho.

27
Quando vale a pena recorrer ao crédito?

A maioria das pessoas associa a contratação de empréstimos a algo ruim ou como a última opção em caso de problemas financeiros. No entanto, existem situações em que o empréstimo pode ser uma boa saída para recuperar sua saúde financeira.

Mas, é preciso antes de tudo, buscar informação e se planejar. Em meio à crise que estamos vivendo, todo cuidado é pouco. Algumas dicas podem facilitar essa escolha e ajudar a tomada de decisão. Saber identificar quando vale a pena recorrer a esse tipo de crédito vai lhe ajudar a não cair em uma cilada.

Um bom exemplo é quando as dívidas são aquelas consideradas "caras" e não é possível liquidá-las de uma única vez. São consideradas dívidas caras aquelas que possuem altas taxas de juros, como o cheque especial, a fatura parcelada de cartão de crédito e até mesmo aquele crédito pessoal contratado anteriormente. Já as dívidas mais baratas são o crédito consignado e os empréstimos com garantias. Contratar um único empréstimo a fim de unificar essas dívidas pode ser uma boa estratégia para começar a sair do endividamento e evitar que tudo vire uma bola de neve.

Outra situação é a contratação de um empréstimo com a finalidade de investir em seu negócio próprio e esse investimento representar uma aceleração que você não teria sem esse recurso. Aqui é preciso apenas se atentar para que o recurso seja utilizado para gerar mais receita e não mais dívidas, ok?

Por fim, se a casa própria é um sonho seu e de sua família e vocês desejam realizá-lo, também é possível recorrer a um empréstimo. O financiamento imobiliário, em que taxas são incentivadas e são muito mais baratas que os créditos convencionais, acaba, sim, valendo a pena. No entanto, o ponto de atenção aqui é se certificar de que o comprometimento da sua renda com o financiamento não ultrapassará 30% do orçamento. Lembre-se sempre de se atentar à taxa de juros dos empréstimos, principalmente quando estiver substituindo vários por um só. A taxa deve sempre ser mais baixa do que a da dívida antiga.

De nada adianta contratar um empréstimo, reorganizar as dívidas e continuar gastando desenfreadamente. Tenha total conhecimento dos seus números e evite cair novamente no endividamento gerando novas e desnecessárias contas.

28
Como investir, mesmo em situações de crise?

"Porque ao que tem muito será dado mais e terá mais ainda; mas ao que tem pouco, até esse pouco lhe será tirado."
Mateus 25,29

É possível, sim, investir e galgar a tão sonhada estabilidade financeira, mesmo em momentos de crise, seja ela econômica e sanitária, em nível mundial, como a que vivemos. Projetar um futuro financeiro melhor e mais seguro pode ajudar a vencer outras crises que, com certeza, ainda virão, de forma muito mais tranquila. E não é preciso esperar a crise terminar para iniciar esse processo. Dá para começar com pouco dinheiro, desde que você saiba agir de forma adequada e assertiva.

O primeiro passo pode ser a adoção de novos hábitos sociais e de consumo, que trazem consigo outros desafios, mas também, muitas oportunidades. Em momentos de dificuldades é possível olhar com mais atenção ao que se faz de importante durante toda a vida, à organização financeira, e conhecer os próprios números nunca foi tão importante.

Procure manter todos os cortes de gastos feitos em períodos de crise mesmo depois deles, especialmente os que envolvem alimentação e deslocamento, pois eles podem servir de estímulo para o futuro. Avaliar o valor dessa redução e fazer uma estimativa do quanto terá daqui a um ano se continuar gastando menos fará toda a diferença e ajudará na mudança da mentalidade financeira. E, é claro, é mais do que necessário começar a investir muito bem esses pequenos valores.

Por fim, o envolvimento da família é muito importante. Como já dissemos, é preciso envolver a todos, até mesmo as crianças, no controle de gastos, cortando aquelas despesas supérfluas. Naturalmente esse processo deve sempre ser feito com diálogo e paciência para que as pessoas possam corresponder de modo satisfatório e responsável nesse controle. E, por outro lado, não se deve adotar apenas uma política de cobrança: é preciso saber recompensar a todos conforme os resultados positivos.

Esse talvez seja o caminho mais tradicional, mas tudo depende do seu perfil de investidor e dos seus objetivos e prazos. Ele envolve aplicações que têm uma rentabilidade mais estável e oferece um pouco mais de segurança. Pesquise os melhores produtos, são várias as opções e escolha a que melhor se adeque com sua realidade.

E por "melhores produtos", entendemos aqueles cuja remuneração ou retorno não necessariamente possam ser dimensionados no momento da aplicação, podendo variar positivamente ou negativamente, de acordo com as expectativas do mercado. Estude sobre o mercado, analise as opções e, se necessário conte com a ajuda de um assessor de investimento.

29

Para que serve e como descobrir o meu perfil de investidora?

"Portanto, que cada um se examine a si mesmo antes de comer deste pão e beber deste cálice."
1 Coríntios 11,28

Você já parou para pensar se conhece bem o seu estômago e o seu coração? Você sabe como eles costumam reagir em momentos de crise? Costumo utilizar essa analogia para falar sobre a importância de conhecer o seu perfil de investidora para assim tomar boas e assertivas decisões durante sua jornada no mercado financeiro. Conhecer-se a si mesma e saber até que ponto você está preparada emocionalmente para enfrentar o mercado é primordial e uma máxima que deve ser adotada por todas que desejam obter sucesso com investimentos.

É o seu perfil de investidora que vai refletir a sua disposição e preparação para correr riscos, mostrar os melhores caminhos, quais são os produtos que mais se adequam à sua realidade, capacidade financeira e o horizonte de tempo para realização de objetivos.

Já adianto que existem três categorias: a investidora conservadora, que prioriza a segurança e prefere aplicar seus recursos em investimentos de longo prazo, além de buscar uma rentabilidade diária; a investidora moderada, que está disposta a correr algum risco em caso de ter uma rentabilidade acima da média, mas com resultados de médio e longo prazo; e, por fim, a investidora arrojada, ou agressiva, é aquela que, educada financeiramente e com grande conhecimento de mercado, suporta correr riscos, desde que o objetivo final seja alcançar alta rentabilidade.

É importante observar também que, ao longo da vida, o perfil passa por transições, ou seja, seu perfil pode oscilar de conservadora à arrojada de acordo com suas próprias vivências, experiências e informações adquiridas. O perfil de investidora de uma jovem de 25 anos, por exemplo, solteira e em início de carreira pode não ser o mesmo daqui a 15 anos, quando provavelmente seus próprios objetivos e aspirações pessoais e profissionais já sofreram mudanças. E lembre-se: independentemente do seu perfil, nunca deixe de investir em si mesma e em conhecimento. Dessa forma, suas escolhas financeiras serão sempre inteligentes e o seu dinheiro servirá como ponte para melhorar a sua qualidade de vida e a das pessoas que a cercam.

O ideal é contar com ajuda de um assessor ou especialista em investimentos, que pode lhe ajudar a conhecer melhor o seu perfil. Estude, pesquise, se informe. O autoconhecimento é um exercício que pode ajudar não só os seus ganhos financeiros, como outras áreas da sua vida.

Fique atenta: é preciso revisar periodicamente o seu perfil para adequá-lo ao seu momento atual e, dessa forma, obter melhores retornos.

30
Investimentos após os 40: ainda dá tempo de começar?

"Deus disse a Abraão: 'Sarai, tua mulher, não mais se chamará Sarai, mas Sara há de ser seu nome. Abençoá-la-ei e por ela te darei um filho; hei de abençoá-la e se tornará nações; reis de povos dela sairão'".
Gênesis 17,15-16

É supernormal que, a partir dos 40 anos, com um histórico de vida economicamente e profissionalmente ativa, as pessoas comecem a se preocupar mais com o futuro. É nessa faixa etária que muitos já constituíram família, têm filhos, pais idosos, se formaram ou conseguiram realizar alguns sonhos. Mas ainda não é época de parar, sendo possível conquistar muito mais e, para isso, a organização financeira deve começar de forma imediata e receber *status* de prioridade.

É claro que tudo se torna mais fácil se você já tiver hábitos financeiros saudáveis. Mas o conhecimento e a disciplina são características que podem ser adquiridas em qualquer idade, então nunca será tarde demais para começar.

Antes de tudo, é preciso ter as contas organizadas. Por isso, coloque todos os gastos e receitas no papel, para que você consiga realmente visualizar sua realidade financeira. Depois, procure educar-se financeiramente e vá em busca das melhores opções de investimento no mercado, de acordo com o seu orçamento mensal.

O próximo passo é definir objetivos. Pode ser que você almeje se aposentar com mais tranquilidade e, neste caso, precisará considerar investimentos a longo prazo, sempre se atentando a idade em que deseja conquistar a tão sonhada independência financeira. O que fazer na sequência, vai depender bastante do patrimônio acumulado durante os anos. Lembre-se que ser independente financeiramente trata-se de ter uma renda passiva adicional e mensal que, ao entrar no orçamento, garante liberdade para que você faça o quer quiser e quando quiser, sem ter a preocupação de trocar a sua força de trabalho por dinheiro.

Em resumo, começar já e começar direito vai permitir que, enquanto você se dedica a sua família, ao seu trabalho e aos seus sonhos, o dinheiro continue trabalhando por você.

Organização, montagem de um plano de ação e pesquisa de quais são os melhores investimentos pode parecer trabalhoso. Mas, com certeza, daqui a 20 anos será possível olhar para trás e agradecer por ter tomado essa decisão hoje. Em outras palavras, quanto mais cedo você começar a investir para a sua aposentadoria, de forma consistente e recorrente, mais digna e tranquila será a sua vida na terceira idade. Ninguém guarda dinheiro por guardar. Não deixe para amanhã, comece agora, com o valor que possui! Transforme os seus sonhos em objetivos financeiros e trace metas para realizá-lo. Dessa forma, fica ainda mais fácil encontrar motivação diária para continuar investindo.

31
Combinar a rentabilidade no dia do investimento ou aceitar uma rentabilidade incerta?

"Construí casas e instalai-vos, plantai hortas e comei de seus frutos!"
Jeremias 29,5

Se você já consegue enxergar melhor seu orçamento e já aprendeu que é somente através da educação financeira que sairá do vermelho, é chegada a hora de começar a investir. No entanto, são muitas as dúvidas nessa hora, não é mesmo?

Ainda é muito comum a premissa de que o mundo dos investimentos é complicado ou que só pode investir quem tem dinheiro, o que não é verdade e eu posso provar!

Costumo dizer que não existe um único e melhor investimento. Existem, sim, aqueles investimentos que melhor se adequam ao seu perfil de investidora, ao momento que se está vivendo, às necessidades, aos recursos e, é claro, aos objetivos que você quer conquistar no prazo que você deseja e estipula. Nesse contexto, os investimentos de renda fixa e variável são os que acabam gerando mais dúvidas.

Investimentos que você combina no dia da aplicação são chamados de renda fixa. A taxa apresentada pelo banco ou corretora indica o quanto ele vai render e é estabelecida desde a aplicação. Dessa forma, costumam ser aplicações ideais para quem ainda está começando, já que, com a previsibilidade, é mais fácil se planejar.

Por exemplo, se o objetivo for realizar uma viagem, você pode investir em fundos de renda fixa e se organizar para alcançar essa meta em alguns meses ou anos. São exemplos de investimento de renda fixa: o Tesouro Direto; o CDB (Certificado de Depósito Bancário); a LC (Letra de Câmbio); a LF (Letra Financeira); a LCI (Letra de Crédito Imobiliário); a LCA (Letra de Crédito do Agronegócio), entre outros.

Já os investimentos que você não combina uma rentabilidade no momento inicial são chamados de renda variável. Como o próprio nome diz, não permite que o investidor preveja o seu retorno na hora da aplicação. Também são aplicações que apresentam volatilidade, ou seja, são propícias a oscilações, e, portanto, sobem e descem a todo momento.

De uma forma geral, as aplicações em renda variável costumam ser mais arriscadas e costumam rentabilizar melhor no médio e longo prazo, apesar de não ser uma regra. Os investimentos em ações, contratos futuros e opções são alguns exemplos de investimento de renda variável.

Mas atenção: você só deve investir sem combinar a rentabilidade e o prazo logo de início se esse for um dinheiro que você não precisa dele a curto prazo, de maneira que possa aguardar o momento ideal para a retirada, o que pode levar dias, meses ou até anos.

A renda variável nunca deve ser utilizada para a reserva de emergência ou de oportunidade.

Em resumo, no mundo dos investimentos nos deparamos com diversas possibilidades e produtos, portanto buscar informação e estudar bastante tudo que o mercado oferece acaba sendo a primeira e mais importante lição para alcançar seus objetivos!

É importante ressaltar que você não precisa, necessariamente, escolher entre um ou outro. Trace metas e objetivos, pesquise e decida qual investimento se encaixa melhor em cada objetivo, sempre diversificando sua carteira e nunca colocando todos os ovos em uma mesma cesta! Tanto o investimento em renda fixa quanto o investimento em renda variável não vão proporcionar a você um enriquecimento da noite para o dia.

Ter controle de si mesmo, manter a organização e a disciplina na hora de investir, são características essenciais a todo bom investidor, seja ele iniciante ou não.

32
Reserva de emergência: como começar a construir a minha?
■ ■

"Javé Deus tomou o Homem e colocou-o no jardim paradisíaco do Éden de delícias para o cultivar e o guardar."
Gênesis 2,15

A reserva financeira é um recurso que serve para suprir eventos emergenciais em sua vida. E quando falamos de emergências não tratamos só de crises, porque esse fundo de reserva deve servir também para qualquer outra situação que interfira em sua renda habitual: desemprego na família, problemas de saúde, um carro quebrado, uma reforma corretiva em casa, ou algum outro item de necessidade que precisa ser reposto, consertado etc. É esse dinheiro que resguarda suas finanças para eventualidades e ainda evita que você precise recorrer, no pior momento, a empréstimos e juros altíssimos de instituições financeiras.

Portanto, o primeiro passo para começar a construir uma reserva de emergência é conhecer muito bem as suas finanças. Procure listar os gastos essenciais, aqueles que independente de qualquer intercorrência, devem continuar sendo honrados. Deve-se incluir nessa etapa, por exemplo, as contas de consumo, como água, luz, gás, telefone e internet, aluguéis ou parcela mensal de financiamento imobiliário, educação e, é claro, a alimentação.

O valor final vai depender muito de outros fatores, como qual é a sua ocupação e se, por exemplo, em caso de desemprego, você terá ou não direito a benefícios. Se você é funcionário público ou trabalha de carteira assinada é importante guardar pelo menos de três a seis meses dos gastos básicos para a reserva financeira. Mas, se você é um profissional autônomo ou PJ, com uma renda que oscila todos os meses, o ideal é guardar entre seis e doze meses para seus gastos essenciais.

Feito isso, a principal dica é separar o valor destinado à reserva de emergência já no início do mês e procurar alocar esse recurso em um produto de investimento que ofereça rentabilidade diária e possibilidade de retirada a qualquer momento, como Tesouro Selic, CDB, e Fundos DI.

Guardar um percentual entre 10% e 30% da renda mensal pode ser uma boa escolha, no entanto, vai depender da realidade de cada um e também de quanto tempo você precisa para formar o valor de reserva. Quanto mais dinheiro investir no mês e quanto maior for a rentabilidade do investimento mais rápido você alcançará o seu objetivo.

Planeje antecipadamente qual valor você vai destinar para esse fim. Quando deixamos para depois, além de não priorizarmos a constituição desse recurso, também há o risco de acabar "não sobrando" dinheiro e de se ver o objetivo ficar mais longe de ser alcançado.

33
Investimentos: por onde começar?

"Procurai sobretudo viver calmos, ocupados em vossos afazeres e em trabalhar com as vossas mãos, como vos recomendamos, para que vivais honradamente aos olhos dos estranhos e que não passeis necessidade."
1 Tessalonicenses 4,11-12

Se você já constituiu sua reserva financeira, aquele valor que vai ajudar em um momento de dificuldade e que deve ser aplicado em um produto de investimento de liquidez diária e alta volatilidade, talvez seja hora de pensar em alçar novos voos. Afinal, dinheiro parado é um convite para gastos e perda do domínio da situação financeira, não é mesmo? Mas, e agora, por onde começar?

Primeiramente é preciso entender quais são seus objetivos financeiros: fazer aquela viagem dos sonhos, fazer algum curso de idiomas, intercâmbio, planejar uma aposentadoria mais tranquila ou até mesmo a geração de renda passiva, com o objetivo de viver de rendimentos dentro de alguns anos.

Também é preciso estar atenta à quantia que você está disposta a investir por mês para alcançar esses sonhos e se programar para isso. Só depois você deve ir em busca de informações e definir qual é o melhor tipo de aplicação que se adequa a sua realidade.

É interessante também conhecer o seu próprio perfil de investidora. De um modo geral, o perfil é definido de acordo com sua tolerância a riscos. A esse propósito, você poderá conhecer seu perfil vendo as nossas definições de investidor nas páginas 79 e 80 deste livro.

Costumo dizer que quando se trata de investimentos é preciso conhecer o seu próprio coração, mas também o estômago para entender como lidaremos com as altas ou baixas do mercado, que podem ser boas ou ruins, de acordo com nossos objetivos. Um assessor de investimentos pode lhe ajudar nessa tarefa, que pode ser mais fácil do que você imagina. Esse é o profissional mais indicado para definir, em conjunto com você, quais os melhores produtos para investir e alcançar seus sonhos, sejam eles a curto, médio ou longo prazo.

É importante sempre lembrar de que não existe investimento melhor que esse ou aquele e, sim, o investimento ideal para o seu perfil, prazo e realidade financeira. Ao investir, é preciso ter consciência de que tudo pode acontecer. Portanto, educação financeira nunca é demais, procure se informar, estude e faça boas escolhas!

34

Quanto devo reservar para investir todos os meses?

"Na hora da luta, a sabedoria vale mais que força bruta para conseguir a vitória".
Cf. Provérbios 21,22

De uns anos para cá, a importância da educação financeira tem ganhado um espaço cada vez maior na vida dos brasileiros.

Cresce, a cada dia, o número de investidores na Bolsa de Valores, sobretudo com a participação de mulheres e de jovens. Isso tudo é muito positivo e é um sinal de que cada vez mais as pessoas estão entendendo a importância dos investimentos, seja para mudar de vida ou quaisquer outros objetivos. No entanto, ainda existem muitas dúvidas de como começar e principalmente quanto reservar para investir todos os meses. E agora vou lhe contar um segredo: não existe uma regra, isso porque o montante que cada pessoa precisa ou deve investir por mês vai depender de vários fatores e da realidade financeira de cada um, sendo essa uma decisão pessoal que deve ser muito bem calculada.

Alguns pontos precisam ficar claros. O primeiro deles é que a melhor hora para começar a investir é agora! Depois, é preciso entender que investir não deve ser um hábito exclusivo de pessoas "ricas". Pelo contrário! É totalmente possível começar a investir com poucos recursos, criando um hábito e adaptando-o a sua realidade financeira. Hoje já existem no mercado financeiro produtos de investimento que permitem um aporte inicial de R$ 30,00. É preciso pesquisar e buscar conhecimento.

Não sabe por onde começar? Comece aplicando para ter mais segurança em momentos de emergência, porque, sim, eles vão acontecer. E pode não ser uma pandemia mundial, mas pode acontecer de o cano da pia estourar em um dia inesperado ou alguma doença que acomete você ou algum familiar e requer cuidados ou recursos. Construir uma reserva de emergência já é um grande passo para construir seu comportamento como investidor.

Entenda sua realidade financeira e organize primeiramente o seu orçamento. Saiba quanto entra de receita e quanto é gasto. Considere tudo, desde gastos essenciais, gastos variáveis e, é claro, o montante que você deseja investir por mês para atingir cada objetivo de vida.

E se já tem tudo muito bem organizado, considere utilizar a famosa regra das porcentagens. O ideal seria separar 50% da sua renda para gastos essenciais, 30% gastos extras com você e 20% para investir. Mas lembre-se: a intenção é organizar dentro de parâmetros possíveis de serem atingidos, para que sobre sempre uma quantia fixa para investir todos os meses. Esse é o segredo!

35
Já fiz a minha reserva de emergência, e agora?

"Tesouro valioso e óleo na casa do sábio: mas o homem insensato os dissipa."
Provérbios 21,20

O primeiro passo para quem começa a investir é constituir a reserva de emergência, recurso que lhe dará tranquilidade naqueles momentos em que, inesperadamente, as suas despesas forem maiores do que as suas receitas. Depois de concluído esse objetivo, talvez seja hora de olhar com mais calma para sua lista de objetivos e sonhos e começar a investir para tirá-los do papel.

Ninguém investe dinheiro por investir, assim, é essencial entender o que lhe faz deixar de gastar tudo o que ganha hoje. Pode ser a independência financeira, a educação dos filhos, aquela viagem dos sonhos, a compra da casa própria ou tudo isso ao mesmo tempo. Conhecendo o que lhe move, é preciso estabelecer objetivos de curto, médio e longo prazo.

Para tudo o que já tem data para acontecer no curto e no médio prazo, escolha investimentos em renda fixa com vencimentos que coincidam com o objetivo. Para que a rentabilidade seja maior, você pode escolher ativos sem liquidez, ou seja, que não poderão ser resgatados até o prazo estabelecido, mas que mantém a segurança e a baixa volatilidade. São bons exemplos CDBs, LCIs e LCAs pós fixados e indexados ao CDI, que neste momento estão muito favorecidos com a taxa de juros básica, a Selic, elevada.

Para os objetivos de longo prazo, como a independência financeira, você pode considerar ativos de renda fixa que garantam a inflação e mais uma taxa prefixada, como o Tesouro IPCA+, que oferece diferentes datas de vencimento em que você pode escolher o prazo que coincida com o seu planejamento.

Também pode ser uma excelente opção uma carteira de ações de companhias sólidas, com bons resultados e que atuem em ramos perenes, como as companhias de energia elétrica e empresas de saneamento, por exemplo. Essas ações são boas pagadoras de dividendos e você já começará a experimentar a renda passiva: ou seja, dinheiro caindo na sua conta bancária recorrentemente e que não seja fruto direto do seu trabalho.

Fique sempre atenta ao prazo do investimento escolhido e certifique-se de que ele está adequado ao seu objetivo, pois resgatar antes da data pode não ser possível ou ainda pode levar a perdas financeiras.

36

Como começar a investir com o objetivo de me aposentar?

"Quem quiser calcular os ventos, jamais semeará; quem observar as nuvens, não colherá."
Eclesiastes 11,4

Se você almeja ter uma aposentadoria tranquila e aproveitar melhor a vida lá na frente sem grandes preocupações financeiras, primeiramente terá que se planejar, em especial se a sua intenção é não depender apenas do INSS quando chegar a hora de parar de trabalhar.

Sem organização e um planejamento financeiro, muitos acabam vinculados aos cuidados financeiros de filhos ou parentes, da ajuda governamental e até de caridade, o que limita totalmente a autonomia nesse período da vida. Por isso, é importante ressaltar que o quanto antes você começar a pensar na aposentadoria, menor será o esforço de aplicação mensal e, consequentemente, maior será o montante investido no final. É preciso pensar e calcular, inclusive, qual é a renda que você almeja ter no futuro. Muitas pessoas não se planejam para tal e, ao se aposentar, acabam enfrentando um decréscimo no estilo e qualidade de vida, além de inúmeras outras dificuldades, prejudicando a realização do sonho esperado para a terceira idade.

Ao mesmo tempo que é extremamente importante construir uma reserva e investir para essa finalidade, também é muito difícil. No dia a dia, deixar de gastar com algo que lhe dá prazer ou satisfação no presente, pensando no seu "eu do futuro", que é alguém que ainda nem existe, pode ser bem doloroso, mas não impossível.

Por isso, acima de tudo, você precisa estar comprometida consigo mesma, ciente de que se privará hoje para a realização de algo maior adiante, com tranquilidade e independência financeira.

O pensamento mais comum acaba sendo: "Ah, mas e se eu morrer amanhã?". No entanto, deve-se pensar justamente o contrário, "E se eu NÃO morrer amanhã, como gostaria de viver minha vida quando estiver bem velhinha e garantir minha subsistência e dignidade?" Uma dica importante para começar e para equilibrar o orçamento é dividir os seus objetivos entre aqueles de curto, médio e longo prazo, sendo a aposentadoria aquele montante que deve ser investido em produtos de longo prazo. E existem inúmeros investimentos hoje no mercado que podem lhe ajudar a alcançar seu objetivo, como fundos de previdência privada e outros.

Comece a pesquisar bastante e opte por produtos que tenham uma boa rentabilidade ao longo do período que você precisa. Tão importante quanto economizar e investir é saber onde e como aplicar esse recurso, por isso, se precisar, procure ajuda de especialistas, leia bastante e se informe. Crie o hábito de poupar e de investir em você mesma. A "você" do futuro certamente agradecerá, e muito!

Não adie a realização desse sonho, deixando para amanhã o que você pode começar hoje. Ao receber o seu salário e demais receitas, já comece separando o montante que deve ser investido para cada finalidade. Ao mesmo tempo, continue mantendo uma reserva de emergência ativa. Essa atitude vai evitar que você precise resgatar o dinheiro destinado à aposentadoria em algum eventual momento de dificuldade.

37

Independência financeira: comece já a correr atrás da sua!

■■■■■■■■■■■■■■■■■■■■■■■■■■■■■■■■■■■■■

"Não ames o sono: serás pobre;
abre os olhos e sacia-te de pão."
Provérbios 20,13

A maioria de nós em algum momento já sonhou em ser financeiramente independente, morar sozinha e alçar os próprios voos, não é mesmo? Mas apesar de parecer algo inalcançável, essa é uma realidade que pode não estar tão longe assim. No entanto, esse é um grande passo que implica em uma série de outras decisões. A principal delas é, com certeza, organizar as finanças com inteligência e assertividade para não passar sufoco lá na frente.

Organizar-se é imprescindível e a dica nessa primeira etapa é olhar para todas as suas dívidas e repensá-las. Nessa nova etapa, caberá apenas a você o pagamento das contas e, por isso, de nada vai ajudar já iniciar esse processo com um monte de dívidas a tiracolo. Analise as suas finanças, os débitos em aberto e faça um esforço para quitar essas dívidas o quanto antes, priorizando aquelas que são mais caras, ou seja, que possuem juros maiores. Faça um orçamento detalhado com todos os seus gastos atuais e provisione o que será necessário para concretizar a mudança, seja de casa, de apartamento etc. Coloque no papel todas as despesas, com mudança, novos itens domésticos, como móveis ou eletroeletrônicos, e inclua até as pequenas compras do dia a dia como por exemplo os cafés e as refeições que você costuma fazer fora de casa.

Ter uma reserva de emergência também é fundamental não só nesse período de transição, mas para todos os outros. No entanto, é preciso entender que dinheiro parado não rende e, atualmente, por conta das taxas de juros, no Brasil, a poupança não é o melhor local para alocar esse recurso. Esse dinheiro precisa estar à mão para eventualidades e o melhor é escolher alguma aplicação que priorize a liquidez diária e possa ser sacado com facilidade, mas que tenha uma rentabilidade mais atrativa.

Mantenha seu orçamento sob controle e cumpra uma regra antiga, mas que muitos ainda não conseguem levar adiante: sempre gaste menos do que você ganha.

Força de vontade para mudar hábitos e fazer escolhas inteligentes na sua vida financeira significa alcançar com muito mais rapidez o seu objetivo de morar sozinha ou ser financeiramente independente, e isso só depende de você!

38
Qual a melhor forma de gerar renda passiva e fazer o meu dinheiro trabalhar para mim?

"Não vos conformeis com este mundo, mas transformai-vos pela renovação do espírito, para chegardes a conhecer qual seja a vontade de Deus, a saber, o que é bom, agradável e perfeito."
Romanos 12,2

Renda passiva é toda renda que não é gerada pelo seu trabalho. Parece mágica, mas não é e eu vou lhe explicar exatamente como é possível gerar esse tipo de renda investindo de forma correta e constante.

Para começar, é preciso que você entenda muito bem o que NÃO É renda passiva: a renda ativa. A renda ativa é aquela que precisa de um esforço para ser obtida, em que trocamos a nossa força de trabalho por dinheiro. O grande limitador da renda ativa é o seu tempo, ou seja, a quantidade de horas que você se dedica à atividade profissional no dia, na semana, no mês, no ano. E mesmo quando você identifica um dom monetizável, que é aquilo que você faz muito bem fora da sua área principal de atuação, que todos lhe elogiam e que consegue trocar por dinheiro, a renda extra, ainda assim haverá a limitação do tempo. Para a renda ativa existir, você precisa trabalhar todos os dias, se dedicar, se esforçar.

Já a renda passiva é aquela que independe do tempo que você dedica a ela e que, mesmo quando você não estiver fazendo nada, ela estará sendo gerada. Pode estar dormindo, na praia, no campo, fazendo as unhas, ajudando seus filhos nas tarefas escolares e ela estará lá, firme e forte, gerando frutos. Um bom exemplo de investimento financeiro que gera renda passiva são os fundos imobiliários. Trata-se de uma junção de recursos destinados à aplicação em empreendimentos imobiliários. Esses fundos são constituídos sob a forma de um condomínio fechado, sendo dividido em cotas, que representam parcelas ideais do seu patrimônio. Mesmo que você não tenha muito dinheiro para destinar para essa classe de ativos, saiba que os fundos imobiliários geram uma renda mensal que ajuda você a ter um valor para ser reinvestido todos os meses e viver, na prática, o aumento de sua carteira mês a mês. É como se você investisse em um imóvel, sem ter que comprar uma casa ou um apartamento, com um valor baixo.

Não se esqueça de que os fundos imobiliários são uma modalidade de investimento de renda variável e que existem hoje várias opções no mercado. É preciso sempre pesquisar, estudar e ver quais produtos são mais adequados a seu perfil e a seus objetivos. Não hesite em pedir ajuda profissional, se precisar.

O melhor momento para começar a investir foi há 10 anos. O segundo melhor momento é hoje! Não existe o melhor investimento de forma ampla e genérica, mas o melhor investimento para você de acordo com o seu momento e as suas necessidades.

Lembre-se: o momento da independência financeira só chega quando você não precisa mais trocar a sua força de trabalho por dinheiro.

39
O que é a proteção patrimonial e por que devo me preocupar com isso?

A proteção patrimonial nada mais é do que um conjunto de estratégias que tem como objetivo principal proteger o seu dinheiro, seus bens, ou seja, tudo aquilo pelo qual você trabalhou a vida inteira para construir. Preservar sua "riqueza" não é algo que deve preocupar apenas milionários, mas sim todas as pessoas.

O intuito é fazer com que seu patrimônio dure por um longo tempo, se assim desejar, e, inclusive, garantir segurança para você e sua família diante das adversidades da vida, como a partida dos pais ou dos cônjuges, situações de saúde, etc.

Essa preocupação com as finanças é muito mais do que pensar friamente no dinheiro, é também uma demonstração de amor e cuidado com o seu futuro e com o daqueles que nos cercam. Dito isso, é preciso ressaltar também que um dos principais motivos pelos quais as pessoas se endividam é justamente a falta de proteção para os momentos em que as famílias são surpreendidas por alguma eventualidade.

Se você tem filhos ou outras pessoas que dependam financeiramente de você, por exemplo, é importante ter condições financeiras para se manter quando esses fatos acontecerem e assim seguir arcando com os custos de manutenção familiar, como educação, moradia, alimentação, saúde etc.

Outro ponto importante a salientar é a transferência patrimonial. Para entregar a chave do patrimônio para quem fica (cônjuges e filhos) gasta-se entre 10% e 15% do valor total e isso pode ser muito oneroso ou impossível para a família. Muitos não sabem que isso existe e, quando descobrem, levam um grande susto.

Alocar seus recursos nos investimentos certos, com objetivo de protegê-los, pode evitar a perda do patrimônio. Não hesite em procurar ajuda de um profissional do mercado financeiro caso precise ou tenha dúvidas sobre como fazer. Tenha em mente que o primeiro passo para concretizar a proteção do seu patrimônio é se planejar, observando objetivos, prazos e métricas. É totalmente possível e o esforço vai valer a pena!

40
Decisões financeiras estão em todas as situações da sua vida

Talvez você não faça ideia do quanto utiliza finanças no seu dia e de quantas decisões financeiras é obrigada a tomar até de forma inconsciente em diversas situações do cotidiano, desde a escolha em relação a alimentação, ao que vamos vestir, como vamos nos deslocar e até mesmo onde vamos morar: todas essas são decisões com impacto financeiro.

Já parou para pensar que o carro, grande paixão dos brasileiros, seja como sonho de consumo seja como um mero meio de transporte, exige várias decisões financeiras da sua parte? Lá do comecinho da sua vida, possivelmente você saiu da maternidade no carro dos seus pais ou de um parente, ou então num táxi. Ao chegar na maioridade, podemos decidir por tirar a carteira de motorista e passar a dirigir, ter um carro para chamar de meu ou optar por nem dirigir e nem ter um carro, e simplesmente se deslocar por meio do transporte público.

Para quem decide comprar um carro são várias as decisões a serem tomadas: economizo e compro à vista ou compro parcelado? Vale a pena fazer um financiamento? Ainda é comum encontrarmos pessoas que tomam a decisão somente analisando o valor da parcela e se ela cabe no orçamento, sem perceber a importância do prazo e da taxa de juros, que fará uma grande diferença no final das contas. Muitos compram um único carro, mas acabam pagando por dois.

No entanto, o impacto financeiro da aquisição de um veículo não se restringe ao valor de aquisição do bem. De posse do automóvel, isto é, a partir do momento em que você está com as chaves do carro e a documentação do seu veículo, saiba também que agora você passará a ter despesas recorrentes e não-recorrentes enquanto permanecer com o seu possante!

É preciso pensar nos gastos com combustível, manutenção, seguro, impostos. Pode acontecer um acidente e, neste caso, possivelmente terá que pagar o valor da franquia do seguro, o pneu do carro pode furar ou uma pedrinha pode atingir o parabrisa do seu carro na estrada. Isso tudo exigirá de você gastos extras, que se não couberem na sua reserva de emergência podem lhe levar a um endividamento indesejado.

Outra decisão cotidiana é com a alimentação, que compromete grande parte do orçamento. Farei minha própria refeição ou vou comprar comida pronta? Se decidir por fazer, planejarei o cardápio e a lista de compras ou simplesmente comprarei os alimentos e vou cozinhando sem planejamento?

Quando você e sua família conseguirem planejar o cardápio, fazer uma lista de compras, dar preferência para frutas e verduras da estação, armazenar corretamente os alimentos e utilizar bem o freezer, tenha certeza de que essas decisões terão impacto positivo em seu orçamento. Da mesma forma, quando não planejamos e deixamos para decidir o jantar depois de um dia exaustivo, por cansaço ou preguiça, o desejo de comer fora ou de pedir comida pelo aplicativo podem ser praticamente incontroláveis.

Finanças pessoais não é apenas uma questão de técnica, mas sobretudo de pensar e de agir no dia a dia, e é isso que pode lhe impulsionar rumo aos seus sonhos ou levar você direto para o abismo.

Muitas vezes você tem a certeza de que está no controle da situação, mas em outras tem a impressão de estar agindo no piloto automático. Daniel Kahneman, em seu livro *Rápido e devagar*[1], traz de forma bem clara os sistemas 1 e 2 do nosso cérebro. Segundo Kahneman, há dois sistemas que atuam simultaneamente em nosso cérebro: o sistema 1, que é rápido, inconsciente e dirigido por emoções e associações, que é o modo automático; e o sistema 2, que é mais lento, deliberativo, que se baseia em regras e atua para as tomadas de decisões mais conscientes.

Como o cérebro quer economizar energia, ele busca atuar fazendo com que você pense o mínimo possível, ou seja, utilizando o sistema 1. Assim, no modo automático, você acaba pagando tudo no cartão de crédito, recorrendo à contabilidade mental sem saber qual a conta no final do mês. Você não consegue dizer "não" ao convite do seu amigo para jantar num restaurante mais caro do que você pode pagar. Não consegue dizer "não" ao seu filho mesmo sabendo que não tem dinheiro.

Escolher é fazer um orçamento e decidir com o que vai gastar antes de sacar o cartão de crédito do bolso. É saber dizer "não" mesmo que a sua resposta desagrade o outro. É usar a arquitetura de escolha a seu favor. Se você não consegue ir ao shopping sem gastar, ou você vai e deixa o cartão em casa ou vai passear em outro lugar, como no parque. Se você chega cansada do trabalho para fazer o jantar e acaba não resistindo à tentação do *delivery*, reserve um pedacinho do seu momento de folga para preparar as refeições da semana. Se não sobra nada para investir no final do mês, programe uma transferência mensal da sua conta corrente para a sua conta na corretora logo no dia que recebe a sua renda.

---

1. Cf. Kahneman, D., *Rápido e devagar*, Rio de Janeiro: Objetiva, 2012.

Entenda que as decisões financeiras estão em todas as situações da sua vida e, tendo claramente essa percepção, fica muito fácil nos organizarmos financeiramente com a devida importância.

Faça suas escolhas, não deixe que os outros escolham por você!

Considerações finais

A capacidade de nos adaptarmos à realidade e aos desafios, por mais difíceis que possam parecer, permite-nos avançar rumo aos nossos sonhos.

O mundo que existia antes da pandemia da Covid-19 não existe mais e quanto mais rápido nos adaptarmos à nova realidade, que exige mais conhecimento tanto tecnológico quanto técnico, mais facilmente sobreviveremos. Em geral, como diz certo ditado: "não é o mais forte que sobrevive, nem o mais inteligente, mas aquele que melhor se adapta às mudanças".

As palavras resiliência e conhecimento devem fazer parte da vida das pessoas comuns que lutam para que o dinheiro, fruto da troca de horas de vida por trabalho, não perca poder de compra.

No passado recente a discussão sobre investimentos limitava-se a um grupo restrito de privilegiados e não estava disponível para pessoas comuns, ainda iniciando seus investimentos. Hoje não é mais assim: vivemos um momento de democratização dos investimentos. Não dependemos mais somente dos grandes bancos, que há menos de 20 anos escolhiam os seus clientes e deixavam a maior parte da população desbancarizada. Hoje os bancos digitais e as corretoras são acessíveis e acessáveis, estão ali, na palma de nossas mãos, nos celulares, para qualquer um que queira começar.

Apesar do excesso de informações presentes nas redes sociais, àqueles que conseguem selecionar conteúdos relevantes, de fontes confiáveis e aplicáveis ao seu dia a dia saem na frente. Compreender que a vida não é só trabalhar e pagar boletos e buscar alternativas para manter-se focado em seu propósito de vida, não tendo medo de ajustar as suas finanças sempre que for preciso e estar preparado para os momentos em que as receitas forem menores do que as despesas, são características determinantes para a sua liberdade financeira.

Planeje, estude, controle o seu dinheiro. O mais importante é acreditar que falar sobre dinheiro é, sim, para você.

Edições Loyola

editoração impressão acabamento

Rua 1822 n° 341 – Ipiranga
04216-000 São Paulo, SP
T 55 11 3385 8500/8501, 2063 4275
www.loyola.com.br